部屋で育てる

魅せる
苔テラリウムの
作り方

道草michikusa 石河英作

家の光協会

はじめに

コケをのぞき込むと、小さな森がどこまでも広がっているように見えます。「小さくなって苔の森を散歩してみたい」。手のひらにのるサイズの苔テラリウムを眺めながら、そんなことを考えています。

前作『部屋で楽しむ 小さな苔の森』では、コケの種類ごとの植えつけ方・トラブル対処法など、はじめて苔テラリウムに挑戦するときに失敗しないためのポイントを中心に紹介しました。続編となる本書では着生テクニックや配置テクニックなど、苔テラリウムをより素敵に魅せるためのノウハウを中心に紹介しています。

森の中で自然に生えるコケを観察していると、大きな岩や倒木上にあることが多いのに気づきます。こういった岩や倒木に生えるコケの姿を再現する方法を着生といいます。
本書で紹介する着生テクニックは、コケが本来持つ力を使って、石などの上にコケを生やしていきます。時間をかけて作り上げた着生ゴケは、仮根の力で石にしがみつき、自然に近い姿を見せてくれます。
この着生テクニックを苔テラリウムに応用すると、作品に奥行きや深みが増して、「魅せる苔テラリウム」作りに役立ちます。

石の上に芽吹き始めたコケはとても愛らしく、時間をかけて健気に育っていく姿にきっと愛着がわくはずです。コケはゆっくり生長する植物。苔のむすまで、気長におつきあいください。

道草 michikusa 石河英作

CONTENTS

はじめに…2

苔テラリウムとは…6
「着生」とは…8
基本の苔テラリウムの作り方…10
基本の管理方法…12

①章
着生で育てる！苔テラリウム

**コケ別の作り方・育て方
着生でコケを育てる**
タマゴケ…16
ヒノキゴケ…19
ホソバオキナゴケ…22
コツボゴケ…24
ホウオウゴケ…26
クジャクゴケ…26
カサゴケ…27
コウヤノマンネングサ…27
コスギゴケ…28
オオシラガゴケ…28
フデゴケ…28
ムチゴケ…29
ゼニゴケ…29
ジャゴケ…29

2種類を組み合わせる
ヒノキゴケ＋タマゴケ…30

4種類を組み合わせる
ヒノキゴケ＋コツボゴケ＋
　タマゴケ＋フデゴケ…32

いろいろな素材に着生させる
石に着生させる…34
石以外に着生させる…36

着生テラリウムのメンテナンス…38

苔テラリウム・着生テラリウム共通の管理
トリミング…40
間引く…41

ふやし方
ふやし方（切り戻し）…42
着生石を作品に入れる…43

育て方Q&A…44

2章
もっと魅せる！
苔テラリウム

きれいに魅せる！　配置テクニック…52

レイアウト素材で魅せる…56

石と砂を変えて…58

大型の作品に挑戦…60

自然の風景から作品をイメージ…64

実験器具に飾って楽しむ…66

苔のミニテラリウムを楽しむ…68

苔テラリウムをもっと楽しむ
他の植物との組み合わせを楽しむ・
　生き物とともに楽しむ…70

照明を上手に使う…73

3章
もっと楽しむ！
コケ&苔テラリウム

のぞいてみたい、コケの楽しみ方の世界
コケのことが好きすぎて、
　コケを食べてみた。…80

コケの愛好家に聞く！
わたしのコケの楽しみ方…84

着生&テラリウムに向くコケ一覧…92

コケや苔テラリウムが入手できる！
ショップリスト…94

COLUMN

コケってどんなもの？…14

ゼニゴケの無性芽栽培に挑戦！…48

コケひと筋40年！夢はコケのテーマパーク…76

●本書で紹介しているコケの名称は、一般的に通用しているものであり、正式な和名とは異なる場合があります。
●水やりなどの頻度は目安です。テラリウム内の乾燥の程度によって調節してください。
●1章およびp.92〜93では、着生という手法での育てやすさ、苔テラリウムでの育てやすさ、入手（購入）のしやすさを☆マークで紹介していますが、季節や地域、環境によって異なる場合があります。
●国立・国定公園内の特別保護地区では動植物の採取は禁止されています。また、他者の所有地から無断でコケを採取したり、自然に生えているコケを根こそぎ採取するようなことは絶対にやめましょう。

苔テラリウムとは

近年、各地で教室が開催され、雑貨店などで販売されたり、
メディアでもたびたび取り上げられる苔テラリウム。
そもそもテラリウムとはどんなものなのでしょうか？
また、テラリウムだとなぜコケが育てやすくなるのでしょうか。

テラリウムとは

　テラリウムは、ラテン語の「テラ（terra）＝大
地・陸地」と「リウム（arium）＝〜に関連する、
〜のための場所」を合わせた造語で、ガラスな
ど光が通る密閉された透明な容器の中で、陸
上の生き物を育てる方法のことをいいます。密
閉されたガラス容器の中では水分が循環する
ため、長期間水を与えずに植物を育てることが
可能。小さな温室のようなものだと考えるとわ
かりやすいでしょう。本書ではコケのテラリウム
について解説していますが、広い意味では虫
やカエルなどの陸上の生き物を育てることも、
テラリウムに含めることができます。

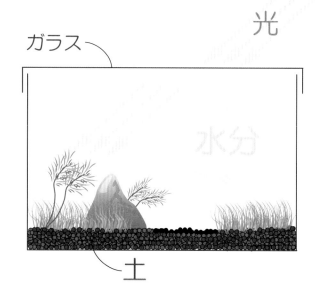

テラリウムの起源

　19世紀のヨーロッパで、プラントハンター（有
用植物や観葉植物の新種を求め、世界中を探
索する人々のこと）が、アジアや南米などの遠隔
地で採取した植物を持ち帰る際に用いたガラス
ケース〈「ウォードの箱」〉がテラリウムの起源と
いわれます。密閉された空間内で水分が循環す
ることを利用した「ウォードの箱」は、ロンドンの
医師、ナサニエル・バグショー・ウォードにより、
植物を水分不足と塩害から守るために考案され
ました。その後、商用で使われていたこのケー
スが、ロンドン発のシダブームとともに一般家庭
にも普及。当時のロンドンは産業革命による大
気汚染がひどく、屋外での園芸が困難で、室内
での栽培も日照不足のため、育てられる植物の
種類が限られました。そのような状況下だから
こそ、ガラスケースを利用したテラリウムが流行
したのかもしれません。

この本で扱う
「苔テラリウム」

　世界中でテラリウムが親しまれるようになり、用途に合わせた容器や栽培方法が考えられ、近年は熱帯雨林を再現した「パルダリウム」や、動植物を育てる「ビバリウム」などのジャンルも派生して、細分化されています。本書では湿気を維持しやすい、蓋のあるガラス容器でコケを育てる方法を、「苔テラリウム」として紹介しています。湿気を維持しにくい蓋のない容器で育てる方法もあり、コケの種類によっては蓋なしの容器でなければ育てにくいものもあるため、蓋なしの容器で育てる場合にはとくに「蓋なし容器」と記載しています。

コケは湿潤な
空気を好む

　テラリウムは湿潤な環境を作る育て方のため、しっとりした空気を好むコケとの相性がとてもよく、室内でコケを育てるのに適しています。苔玉や苔盆栽を室内でうまく育てられなかった人も、苔テラリウムなら管理しやすいはずです。

　ただし、テラリウムならばどんな種類のコケでも育てられるかといえばそうではありません。コケの種類によって、向き不向きがあります。そのため、はじめてコケを育てる人にとっては、テラリウムで育てやすい種類からチャレンジすることが、失敗しない一番のコツになります（p.92〜93参照）。

「着生」とは

本来、木や岩などに自生する植物を、
人為的に木や岩につけ、育てていく方法を「着生」といいます。
植木鉢に植えられたものとは違って、自然界に近い姿を観賞できるのも人気の理由です。
着生させるには時間がかかりますが、このテクニックを修得すれば、
魅せる苔テラリウム作りに大いに役立ちます。

自然な姿を再現

　森の中に足を踏み入れると、コケは土よりも、岩や倒木の上によく生えていることに気がつきます。街中でも、ブロック塀や石垣に生えるコケを見かけたことがあるでしょう。

　このように土以外の場所に張りついて生息している姿を人工的に再現する方法を「着生」といいます。着生はコケだけではなく、ラン、チランジア、ビカクシダなど、自生地では木に張りついて育つ植物を、流木などに着生させて楽しむことにも用いられ、世界中の愛好家に広く楽しまれています。

岩に生えるコケ

ランの着生

ブロック塀に生えるコケ

コケ本来の力で
着生させる

　コケを石などに着生させるには、市販の接着剤や粘土質の土を使って貼りつける方法や、テグスなどを使って巻きつける方法など、いくつかの手法があります。簡単に作製できる反面、コケ本来の力（＝仮根の力）でついていないので、不自然さを感じることもあります。

　本書で紹介する着生テクニックは、コケの特性をいかしながら、石の上にコケを再生させ、仮根の力でしっかり張りつく着生を作り出します。この方法により、より自然に着生したコケの姿を楽しめます。

コケのパーツを蒔き再生させる

自然の中に置いても違和感のない作品に

着生の魅力とは？

　着生テクニックを応用することで、テラリウムの中に苔むす景色を作り出すことができます。用土にコケを植えつけて作る通常のテラリウムとは違った、深みのある作品に仕上がります。

　着生させた石は、容器から簡単に取り出せるのも魅力のひとつ。コケに近づいて観察したり、メンテナンスを容器の外で行ったりと作業が簡単。短時間であればコケが乾いて傷むこともないので、ときどき容器の外に取り出して観賞してみましょう。

じっくり育てて
完成させる

　着生は通常の苔テラリウムとは異なり、作製してから美しい状態まで育つのに半年近い時間がかかります。そのため、すぐに完成した作品を楽しむことはできませんが、石の上に小さなコケが芽吹き、少しずつ生長していく姿は、着生栽培ならではの楽しみといえるでしょう。

　着生の状態で長く楽しむためには、トリミング（切り戻し）をしながら形を整えていく必要があります。数か月先の姿を想像しながらコケを着生させていく作業や、切り戻す作業には、盆栽の楽しみに通じるものがあります。

基本の苔テラリウムの作り方

ピンセットを使い、ガラス容器内にコケを植えつける、基本の苔テラリウムの作り方です。
きれいな状態で長く楽しむためのポイントを、
丈夫でテラリウムにおすすめのヒノキゴケを使って説明します。

用意するもの

材料	ヒノキゴケ／キャニスター容器（直径8×高さ11cm）／用土（赤玉土・富士砂・もみ殻くん炭（※）を配合したもの）
道具	ハサミ／ピンセット／水差し／霧吹き

詳しいプロセスは動画でチェック！

※もみ殻をいぶして炭化させたもの

作り方

1 コケをきれいにする

ピンセットでつかめる量に取り分け、コケの下部についたゴミや枯れ葉を丁寧に取り除く。植えつける前にきれいに掃除して、コケ以外のゴミをできるだけ入れないようにするのが、カビを発生させないための重要なポイント。

2 長さを調整する

容器に対してコケが長すぎる場合は、コケの古い部分（下部の茶色い茎や葉）をハサミで切って調整する。コケは根がない植物なので、切り落としても生育に影響はない。切り落とす際は、用土に埋まるくらいの長さを残すと植えやすい。

3 用土を湿らせる

ガラス容器に用土を2㎝以上の高さを目安に、最大4〜5㎝高さまで入れる。水差しで全体をまんべんなく湿らせる。底までよく湿らせておくと、土が締まって植えつけやすい。用土の量はコケの種類や容器の深さなどを考慮し、バランスをみながら調整する。

4 挿すように植える

茎に沿わせるようにしてピンセットでコケをつまみ、そのままピンセットごと、コケをまっすぐ用土に挿し込む。用土に垂直に、挿すように植えつけるのがポイント。

5 ピンセットをゆっくりと引き抜く

コケの上部を軽く指先で押さえながら、ゆっくりとピンセットを引き抜く。数回に分けて同様の作業を繰り返す。少しずつ植えつけていくのが、きれいに仕上げるコツ。

6 霧吹きで水をやる

コケ全体にかかるように霧吹きで水をやり、蓋を閉めて完成。容器いっぱいに植えるときゅうくつになってしまうので、中心部に植えつけ、周りは5㎜程度あけると美しく仕上がる。

基本の管理方法

日常の管理に手間がかからないのが苔テラリウムのうれしいところ。
換気やトリミングなどのちょっとした世話だけで、きれいな状態をより長く保つことができ、
カビや枯れなどのトラブルも起こりにくくなります。
苔テラリウムを美しく、長く楽しむための基本の管理方法を紹介します。

置き場所

直射日光が当たらない明るい室内に

明るい室内で育てます。窓際など、直射日光が当たる場所は容器内が暑くなりすぎてしまうので注意します。また、窓のない真っ暗な場所も、光合成ができずに弱ってしまいます。最低でも文庫本や新聞が読めるくらいの明るさが必要で、1日8時間程度明るい状態を確保できる場所がベストです（P.46、73参照）。

水やり

霧吹きで湿らせる

2〜3週間に一度、霧吹きを使ってコケ全体が湿るように水を与えます。用土が乾いているときには、水差しを使って水を足し、用土が湿った状態を保つようにします。底に水が溜まるほど与えるとコケが傷んでしまうので、水の入れすぎにも注意しましょう。

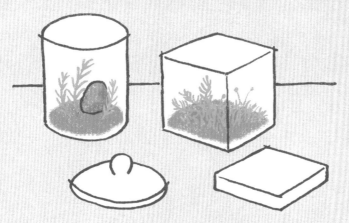

換気

空気を入れ換え
丈夫に育てる

密閉された容器は特殊な環境。気密性が高すぎると、コケがひょろひょろと徒長してしまう原因に。ときどき蓋を開けて換気（1日1回5分程度）し、空気の入れ換えを行うと、丈夫に育ちやすくなります。とくに気密性の高い容器に植えたときは、より換気を心がけるようにしましょう。

肥料・薬剤

春と秋に
液体肥料を霧吹きで

観葉植物用の液体肥料　　家庭園芸用の殺菌剤

コケはわずかな栄養だけで生きられますが、テラリウムのような閉鎖された環境で長く育てていると、栄養不足になることも。春と秋の生長期に観葉植物用の液体肥料を規定の倍率で薄め、霧吹きで与えます。また、カビが発生したときには、家庭園芸用の殺菌剤を使用することもできます（カビの対処はp.44、肥料はp.47参照）。

トリミング

コケを切り戻して
清潔に保つ

コケが伸びてきたら、ハサミで切り戻して長さを調整します。地面ぎりぎりで切らずに、葉を少し残した状態で切り戻すと、新芽が出やすくなります。また、茶色く枯れてきた部分は、ハサミで切って取り出します。トリミングすることで容器内を清潔に保つとともに、新芽の生長を促すこともできます（p.39参照）。

コケってどんなもの？

身近に生えているけれど、意外と知らないコケのこと。コケは光合成を行う植物の仲間ですが、
一般的な植物とどこが違うのでしょうか？
体の仕組みやふえ方など、コケの生態を知ることは、苔テラリウム作りにも役立ちます。

コケのからだ

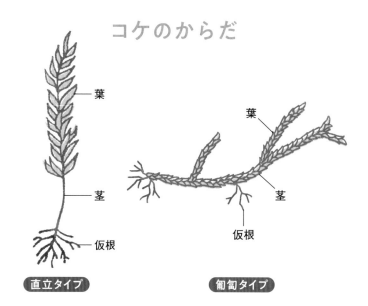

葉

茎

仮根

直立タイプ

葉

茎

仮根

匍匐タイプ

葉・茎・仮根（か こん）

大きく分類すると、こんもりと生長する直立タイプと、這うように広がっていく匍匐（ほ ふく）タイプに分かれる。小さくてわかりにくいが、コケには葉と茎があり、一般的な植物に見られる根や維管束（いかんそく）（※）はない。水分は葉や茎から直接細胞内に取り込み、茎から出た仮根を使って、岩や木などにからだを固定している。
※維管束：水や養分を運ぶ器官

コケのふえ方

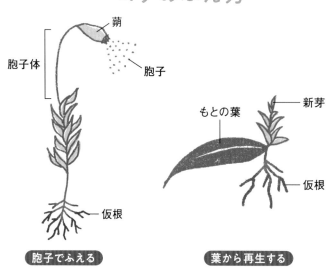

蒴

胞子体

胞子

もとの葉

新芽（さく）

仮根

仮根

胞子でふえる

葉から再生する

胞子でふえる、葉から再生する

コケは花を咲かせることなく、胞子によって子孫を残す。胞子体の先端についた蒴（さく）の中には、細かな胞子が無数に入っていて、風などで運ばれ生息範囲を広げていく。胞子でふえる有性生殖の他に、ホソバオキナゴケなどは小さな葉1枚からでも体を再生することができ、自分のクローン（無性芽）（む せい が）を作る栄養繁殖をする種類もある。

1章

着生で育てる！
苔テラリウム

1章

着生で育てる！ 苔テラリウム

着生でコケを育てる 01

タマゴケ ［タマゴケ科］

着生方法：蒔き（葉茎刻み）　着生しやすさ：★★★★★　育てやすさ：★★★★

着生しやすく、初心者におすすめの種類。
やわらかな色合いが人気です

石の上でコケが芽吹いてくる姿はとても愛らしく、
生長とともにコケの形が際立つ様子は、
小さな星がちりばめられたようにも見えます。
夏の暑さがやや苦手で
冬に生長するので、できるだけ涼しい場所での
管理を心がけましょう。

用意するもの

材料 タマゴケ／溶岩石／スクエア容器
（幅8×奥行8×高さ7cm）／渓流砂

道具 ハサミ／ピンセット／霧吹き

 詳しいプロセスは
動画でチェック！

下準備

溶岩石や軽石など、表面に凹凸
があり、水が浸み込みやすい石
を用意する。水が浸み込むまで
5〜10分程度、石を水に浸けて
おく。
※p.19〜33の作り方に共通

作り方

1 コケを刻む

タマゴケをひとつまみ取り出し、
ハサミで2〜4mmに刻む（コケを
少し乾かしておくと、細かく刻み
やすい）。コケの緑色の部分のみ
使用し、下のほうの茶色い部分
は入れないようにする。

2 大きさを均一にする

できるだけ均一な大きさに刻む
と芽吹きが揃い、仕上がりがき
れいになる。細かくすると小さな
新芽が出て、粗くすると大きな
新芽が出る。

3 コケを蒔く

刻んだコケをピンセットでつまみ、
石に蒔いていく。石全体にまぶ
さず、着生させたい部分に密に
蒔くのがポイント。

4 完成

砂を敷いたガラス容器に入れ、
石が乾かないようにときどき霧
吹きで水を与える。2～3か月で
小さなタマゴケが芽吹いてくる。

ヒノキゴケ [ヒノキゴケ科]

着生方法：巻きつけ（茎）・蒔き（茎刻み）　着生しやすさ：★★★★★　育てやすさ：★★★★★

石の上にミニチュアの木が
生えてくるような姿がおもしろい

芽吹いてくる様子をじっくり
観察できるのがヒノキゴケの魅力です。
トリミングしながら自分好みの姿に整えていく、
盆栽のような楽しみがあります。
生長が比較的早く、着生しやすくて丈夫なので、
初心者におすすめの種類です。

> **用意するもの**
>
> **材料** ヒノキゴケ／溶岩石／モビロンバンドまた
> は輪ゴム／キャンディーポットなどの容器
> （口径10×高さ16cm）／渓流砂
>
> **道具** ハサミ／ピンセット／霧吹き

 詳しいプロセスは
動画でチェック！

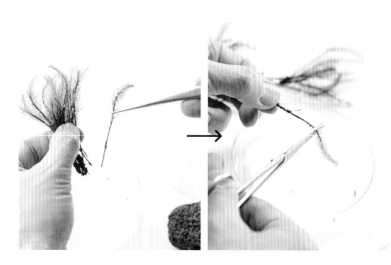

作り方

1 1本ずつばらす

ヒノキゴケの塊を、ピンセットを
使って1本ずつにばらす（写真
左）。緑色の葉が出ているすぐ下
の部分をハサミで切る（同右）。

使用するのは、茶色い茎のみ。ヒ
ノキゴケは茎から芽吹きやすく、
緑色の葉がついている部分から
はあまり新芽が出てこない。

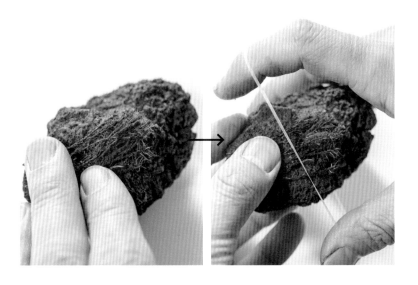

2 バンドで固定する

石の着生させたい部分に茎をのせ（写真左）、モビロンバンドや輪ゴムでしっかりと固定する（同右）。茎が重ならないように平らにのせるのがポイント。

仮根の力で着生

コケは仮根で石に体を固定している。石の上でマット状に絡んだ仮根は、水を蓄える役割も果たしている。

3 完成

1〜2か月で新芽が芽吹いてくる。新しい葉が展開するまで育ったら着生しているので、バンドを外し、容器に入れて管理する。

BEFORE

AFTER
（約2か月後）

つけ方によって異なる芽吹き方

❶1〜3で紹介した茎のみを巻きつけたもの。小さな芽が数多く出てくる。

❷生長点である、葉の先端だけを切り落とし、葉をつけた状態で巻きつけたもの。本数は少ないが太い芽が出てくる。

❸茎を2〜3mmの大きさに刻んで蒔いたもの。芽吹くまでに時間がかかるが、より小さくかわいらしい芽が数多く出てくる。

着生でコケを育てる　03

ホソバオキナゴケ [シラガゴケ科]

着生方法：蒔き（葉剥がし）　着生しやすさ：★★★★　育てやすさ：★★★★★

石の上にこんもりと生える姿が
愛らしくて人気

硬い石に、ふんわりとやわらかさを与えてくれます。
生長が遅く、しっかり着生するまでに時間がかかりますが、
葉1枚1枚から再生したコケが石の上で生長し、
塊になっていく姿はとても愛らしい。

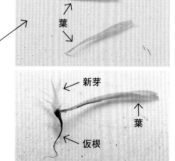

用意するもの

材料	ホソバオキナゴケ／溶岩石／スクエア容器 （幅8×奥行8×高さ7cm）／渓流砂
道具	ハサミ／ピンセット／霧吹き

詳しいプロセスは
動画でチェック！

作り方

葉

葉

新芽

葉

仮根

葉から新芽と仮根が出る

1枚ずつ剥がした葉（写真上）。葉の端
から新芽と仮根が出てくる（同下）。

1 1本取り出す

ホソバオキナゴケの塊から、ピン
セットを使って1本取り出す。

2 葉を剥がす

ピンセットで葉をつまみ下のほうへ
引っ張るようにして、コケの葉1枚
1枚を茎から剥がしていく。

タマゴケ（p.16）のように細かく刻
むと芽吹きにくくなってしまうため、
茎から剥がした葉はそのまま使用
する。

3 石にのせる

石の着生させたい部分に、葉をの
せていく。

4 完成

2～3か月で新芽が出てくる。とく
に初期生長が遅く、変化がわかり
づらいので、気長に育てる。

着生でコケを育てる **04**

コツボゴケ [チョウチンゴケ科]

着生方法：巻きつけ（全体）・蒔き（葉茎刻み）　着生しやすさ：★★★★★　育てやすさ：★★★★★

這うように伸びる性質は着生向き。
大きめの石でゆったりと育てたい

生長が早いので、石から飛び出た部分は
適宜トリミングして整えながら育てます。霧吹きで
水をかけたとき水滴が輝くように見えるのも見所です。

> **用意するもの**
> | 材料 | コツボゴケ／溶岩石／モビロンバンドや
輪ゴム／腰高ガラスシャーレ
（直径9×高さ9㎝）／渓流砂 |
> |---|---|
> | 道具 | ハサミ／霧吹き |

詳しいプロセスは
動画でチェック！

仮根

コツボゴケは茎が何かに接すると、茎の
下側から仮根を出す。この性質を利用
して石に着生させる。

作り方

1 コケをちぎる

コツボゴケの塊からひとつまみちぎ
り取る。

2 根元を切り落とす

コケの裏側の茶色くなった部分や、
ゴミがついた部分は切り落とし、
緑色の部分のみを使用する。

3 石にのせる

石の着生させたい部分にのせ、指
で押さえる。横に伸びていくので、
生長後の姿をイメージしてスペース
を残しておく。

4 バンドで固定

モビロンバンドなどで石に固定す
る。コケが石から浮かないよう、
しっかり留めるのがポイント。

5 完成

数週間で仮根が伸びて着生する。
1～2か月経過し、新芽が出てきた
らバンドを外す。

AFTER

BEFORE

着生でコケを育てる **05**

ホウオウゴケ

［ホウオウゴケ科］

着生方法：巻きつけ（茎）・蒔き（茎刻み）
着生しやすさ：★★★★★　育てやすさ：★★★★★

石からたくさんの羽が生えたような
作品になります。
着生させやすく、丈夫で育てやすいので、
初心者におすすめ。

作り方とポイント

ヒノキゴケ（p.19）と同様に、茎の部分から多く新芽が
出てくる。葉のついた部分も含めて石に並べてバンド
で留める。コケの先端（生長点）を少しだけ切り落とし
ておくと新芽が出やすい。2～3か月で新芽が出てくる
ので、新芽の葉がしっかり展開してからバンドを外す。

AFTER

BEFORE

着生でコケを育てる **06**

クジャクゴケ

［クジャクゴケ科］

着生方法：巻きつけ（全体）
着生しやすさ：★★★★　育てやすさ：★★★

小さな葉が扇形に広がる姿が美しく、
着生すると扇状の葉が少しずつ増えていく様子が
楽しめます。石の側面に着生させて
自然に近い姿を再現しましょう。

作り方とポイント

葉は押さえず、横に広がる葉のつけ根をバンドで留め
る。コケの上下を揃えておくのがポイント。茎が伸び
るときに仮根が出て着生し、新しい葉を広げる。しっ
かり着生するまで時間がかかるので、新しい葉が開く
までじっくり育てる。

カサゴケ

[ハリガネゴケ科]

着生方法：巻きつけ（全体・茎）
着生しやすさ：★★★　育てやすさ：★★

傘状に広がる葉は、石の上に緑色の花を
咲かせたよう。栽培はやや難しいですが、
新芽の葉が開いたときの喜びはひとしおです。
着生は以下2つの方法があります。

方法1 作り方とポイント

傘のついた株ごとバンドで巻きつけ、2か月程度固定
すると着生する。元の傘もいかせるので、すぐに個性
的な姿を楽しめる。

方法2 作り方とポイント

茎のみをバンドで巻きつける。新芽が出てくるまで待
つ必要があるが、石のいろいろな場所につけることが
でき、より自然な姿の作品に仕上がる。この方法のほ
うが、一度に多くの新芽が出る。

方法1
AFTER
BEFORE
BEFORE
方法2

AFTER
BEFORE
方法1

コウヤノマンネングサ

[コウヤノマンネングサ科]

着生方法：巻きつけ（全体・茎）
着生しやすさ：★★★　育てやすさ：★★

コケの中では大型の種類。着生させると、
ダイナミックで迫力のある作品に仕上がります。
大型のものに組み込むと、より個性が引き立ちます。

方法1 作り方とポイント

株ごとバンドで巻きつけ、2か月程度固定すると着生
する。コケに重みがあり石から外れやすいので、新芽
が出てしっかりと着生してからバンドを外すようにす
るのがポイント。

方法2 作り方とポイント

茎のみをバンドで巻きつけ
る。2〜3か月程度で新芽が
出てきて着生する。

方法2

AFTER

BEFORE

コスギゴケ [スギゴケ科]

着生方法：巻きつけ（茎）
着生しやすさ：★★★　育てやすさ：★★★

作り方とポイント

小さな木々が石から生えたような姿がおもしろい。コケの先端を切り落とし、茎を石にバンドで巻きつけると、2か月程度で新芽が出てくる。しっかり着生するまで時間がかかるので根気が必要（作り方はp.20参照）。

オオシラガゴケ [シラガゴケ科]

着生方法：蒔き（葉剥がし）
着生しやすさ：★★★★　育てやすさ：★★★★

作り方とポイント

葉を1枚1枚剥がし、剥がした葉を石にのせておく。2〜3か月で新芽が出てきて着生する。ホソバオキナゴケ（p.22）より一回り大きい、白みがかった緑色のコケはコロニー状に生長すると、石に柔らかな印象を与える（作り方はp.23参照）。

AFTER

BEFORE

AFTER

BEFORE

フデゴケ [シッポゴケ科]

着生方法：蒔き（葉茎刻み）
着生しやすさ：★★★★★　育てやすさ：★★★★

作り方とポイント

細かく刻んだコケを石の上にのせておく。2〜3か月で新芽が出てくるが、タマゴケと比べると生長は遅め。濃い緑色のコケはビロード状で柔らか、指でそっと撫でると気持ちいい手触り（作り方はp.17参照）。

AFTER

ムチゴケ ［ムチゴケ科］

着生方法：のせる（全体）
着生しやすさ：★★　　育てやすさ：★★★★

作り方とポイント

ウロコ状に並んだ葉と、裏側から伸びるムチ状の枝が個性的。細く伸びた枝先から仮根が出て体を固定するので、枝が石に触れるように優しくのせておくとよい。枝先でついているだけなので、着生の力はそれほど強くない。

BEFORE

ムチ状に伸びた枝の先端
から仮根が出て着生する

ゼニゴケ ［ゼニゴケ科］

着生方法：巻きつけ（全体）
着生しやすさ：★★★　　育てやすさ：★★★

作り方とポイント

仮根についたゴミを丁寧に洗い落としバンドで石に固定する。生長した若い部分を使用し、蓋なし容器で水を溜め気味にして育てる。数日で仮根が出て着生する。生長がとても早いので、石の上にとどまっている期間は短い。

AFTER

BEFORE

AFTER

BEFORE

ジャゴケやゼニゴケは白
くきれいな仮根がたくさ
ん出て密に着生する

ジャゴケ ［ジャゴケ科］

着生方法：巻きつけ（全体）
着生しやすさ：★★★　　育てやすさ：★★★

作り方とポイント

個性的なウロコ模様は、石の上をヘビが這うよう。ゴミを丁寧に洗い落とし、バンドで石に固定すると、数日で仮根が出て着生する。蓋なし容器で水を溜め気味にして育てる。

2種類を組み合わせる

ヒノキゴケ + タマゴケ

ヒノキゴケ

タマゴケ

大小のコケを組み合わせて、
石の上に広がる景色を楽しもう

複数種のコケを1つの石に着生させると、
より自然に近い姿が楽しめます。
高さの異なるヒノキゴケとタマゴケを着生させ、
小さな石の上に高低差のある作品を作りましょう。

用意するもの

| 材料 | ヒノキゴケ・タマゴケ／溶岩石／
モビロンバンドなど／腰高ガラスシャーレ
（直径6×高さ9cm）／渓流砂 |
| 道具 | ハサミ／ピンセット／霧吹き |

作り方

1 ヒノキゴケを固定

葉を切り落としたヒノキゴケの茎を石の上に並べ、モビロンバンドなどでしっかりと固定する。巻きつけと蒔きを組み合わせるときの順番は、先に巻きつけし、蒔きを後にすると、自然に仕上がる。

木のように生えたヒノキゴケの足元に、小さく芽吹いたタマゴケ。石の上に小さな森が広がっているよう

2 タマゴケを蒔く

タマゴケの葉を2〜4mmに刻んで石に蒔く。ヒノキゴケの茎の上にも蒔いておくと、ヒノキゴケの足元にタマゴケが生える景色を作ることができる。

3 完成

石全体にコケをつけず、生やしたいポイントを決めて密につけるのがきれいに仕上げるコツ。左ページの写真のようになるまで約4か月。

4種類を組み合わせる

ヒノキゴケ + コツボゴケ + タマゴケ + フデゴケ

コツボゴケ

ヒノキゴケ

タマゴケ

フデゴケ

複数のコケを自在に組み合わせて、
ワンランク上の着生作品を作る

大きめの石に複数種のコケを着生させると、
個性豊かに仕上がります。
コケが生えてきた数か月後の姿を想像しながら
材料を配置していく作業は、盆栽に似た楽しさが
あります。高さや生長する方向が違う
種類をうまく配置して作りましょう。

用意するもの

| 材料 | ヒノキゴケ・コツボゴケ・タマゴケ・フデゴケ／溶岩石／モビロンバンド／キャンディーポット（直径10×高さ16㎝）／渓流砂 |
| 道具 | ハサミ／ピンセット／霧吹き |

作り方

1 ヒノキゴケを固定する

葉を切り落としたヒノキゴケの茎を石の上に並べ、
モビロンバンドでしっかりと固定する。つけたい場
所の大きさに合わせて、茎を短く切ってもよい。

2 コツボゴケを固定する

コツボゴケの緑色の部分を石に置き、モビロンバン
ドで固定する。コツボゴケは横に生長するので、伸
びる方向のスペースを十分あけておく。

3 タマゴケ、フデゴケを蒔く

タマゴケとフデゴケの葉を2～4㎜に刻み、石に蒔
く。

4 完成

全体につけすぎず、石の地肌が見える部分をしっか
りと残しておくのがきれいに仕上げるコツ。

つける素材でイメージ自在

いろいろな素材に着生させる

1 赤と黒の溶岩石

黒色溶岩石は自然で落ち着いた雰囲気になり、森にある苔むした石といった印象に仕上がる

赤色溶岩石はコケの形や色合いを引き立たせ、全体として明るい印象の作品に

石に着生させる

着生に向いているのは、溶岩石や軽石のように穴があいていて水を含みやすい石や、
表面がザラザラした石です。表面がツルツルした石は仮根が絡みにくいので着生には不向き。
着生させる石の形や色合いによってもコケの表情が違って見えます。

2 軽石

ザラザラとしていて、水を含みやすい軽石は、着生にとても適した材料。柔らかいので、削ったり割ったりと、加工して使用することも可能。

3 気孔石
きこう

形や模様が独特な気孔石を使うと、個性的な作品に仕上がる。表面がザラザラしていて水を含みやすいので、着生に適している。

4 輝板石
きばん

板状の石にヒノキゴケのような背の高いコケを生やすとおもしろい姿になる。石の表面に凹凸が少なく着生しにくいので、仮根がしっかり出るまではあまり動かさないようにする。

石以外に着生させる

石以外の場合も、石と同様、表面に凹凸があるものが着生しやすいといえます。
天然素材、人工素材にかかわらず、保水性に注意して管理しましょう。

1 竹炭加工品

「eco-pochi（エコポチ）」は竹炭を
成型した加工品で、多孔質（微細
な穴がたくさんあいている）のた
め水の吸い込みがよく、仮根も
絡みやすいため、着生にとても
適している。球形や円柱、スクエ
ア形など人工的な形状のオブ
ジェがコケに覆われていく姿を
楽しめる。

2 タイル

タイルのような人工素材も、表面にザラザラした加工が施されているものであれば着生させることができる。仮根が絡む場所が少ないので、仮根がしっかり張るまでは動かさないようにする。

3 樹脂素材

樹脂でできたオブジェに着生させると、幅広い表現が可能になる。水もちが悪いため、粉末状にした赤玉土を薄く塗っておくと着生しやすい。写真の左側は土を塗って着生させ、右側は樹脂に直接、着生させたもの。

4 コルク樹皮

コルク樹皮は流木と比べカビが発生しにくく、表面に凹凸があるため着生に適している。柔らかいので加工もしやすく、樹木や倒木に生えるコケの姿を表現するときに使用できる。

着生テラリウムのメンテナンス

コケをつけてから生えるまで、時間をかけて作製した着生ゴケ。
せっかく作ったものはより長く、きれいな状態で楽しみたいものです。
着生するまでと、大きくなった後のメンテナンスについて解説します。

着生する前のメンテナンス

着生石の下に
砂利や砂を敷く

着生石はガラス容器に直接入れるのではなく、砂利や砂を敷いた上にのせておくようにする。そうすることで、砂利にたくわえられた水分が蒸発し、容器内を湿潤な環境に保つため、育てやすい。また砂利は汚れても水洗いすればよく、メンテナンスが簡単。

バンドを外す

着生作業から2〜3か月経過し、コケの仮根がしっかりと石に絡みついたら（1）、固定に使用したバンドを外す。バンドをコケのないところで切り（2）、ゆっくりと横に引き抜く（3）。無理に引っ張るとコケも一緒に剝がれてしまうため注意。容器に溜めた水に石の上部まで浸け、石を揺するようにして、着生しなかったコケやゴミなどを丁寧に洗い流す（4）。

生長後のメンテナンス

ときどき洗って
浸水させる

普段は霧吹きで水を補うが、月に1回程度は水に浸け、軽く揺すって石についたゴミや汚れを洗い流す。着生石を清潔に保ち、藻やカビの発生を抑えることができる。しっかりと着生していれば、流水で洗っても問題ない。

伸びすぎたときの
トリミング

コツボゴケのように這うタイプのコケは、生長して縦横無尽に伸びていく。石の外へ伸びてしまったコケや、思わぬ方向へ伸びてしまったコケは、随時トリミングして形を整える。切り取ったコケは、着生や植えつけの材料として利用できるため、トリミングしながらふやして楽しめる。

茶色くなったときの
トリミング

葉先が茶色くなってしまったときは、茶色い部分だけをトリミングする。そうすることで新芽の生長を促せる。変色した部分を発見したら、随時トリミングしてきれいな状態を保つようにする。変色した部分は再生しにくいため、着生などの材料としては使えない。

苔テラリウム・着生テラリウム 共通の管理

トリミング（切り戻し）

生長して長く伸びすぎたときは、切り戻ししてリフレッシュさせましょう。
特にヒノキゴケやホウオウゴケのように茎から新芽が出やすいタイプは、
短く切り戻してもきれいに再生します。

使用したコケ：ヒノキゴケ

1 切り戻す

コケが生長しすぎたときは、思い切って短く切り戻す。
ヒノキゴケの場合、茎を1〜2cmくらい残して切り落
とす。下のほうに新芽が出ていることがあるので、傷
つけてしまわないように、1本1本丁寧に切るのがポイ
ント。

2 切り戻しした直後

一時的にさびしくなるが、切り戻しによって作品全体
がリフレッシュされる。切り取ったコケは、植えつけや
着生の材料として使用することができる。

コケとシダの着生が 楽しめるサプライズ

苔テラリウムを育てていると、突然植えたは
ずのないところからシダが生えてくることも。
テラリウムはシダの生育にも適しているため、
空気中に飛散したシダの胞子がテラリウム内
で発芽し、生えてきたもの。予期しなかった
表情を作品に加えてくれる。

3 新芽の生長

切り戻しから、2〜3か月で新芽が生長してきれいな
状態になる。全体を1回で切り戻すとかなりさびしく
なってしまうため、何回かに分けて段階的に切り戻す
のもよい。

間引く

コケが生長して密集してきたときは、ピンセットで間引いてコケの間をすきます。
とくにホソバオキナゴケやタマゴケ、オオシラガゴケなど、塊になるタイプは、
間引いて間をすかせるとよいです。

使用したコケ：オオシラガゴケ

1本ずつ間引く

ピンセットでコケを1本ずつ引き
抜いて間引く。いっぺんに引き
抜こうとすると、全体が剥がれ
てしまうので注意する。

間引き後

コケとコケの間に少しゆとりが
あるくらいに間引いたら完成。
間引いたコケは、蒔きゴケや植え
つけの材料としても使用できる。

ふやし方（切り戻しを利用）

着生石はトリミングなどのメンテナンスをすることで長く楽しむことができます。
わずかなコケでも着生の材料となるため、トリミングで出たコケを有効活用し、
コケをふやしてみましょう。

使用したコケ：ヒノキゴケ、ホソバオキナゴケ、コツボゴケなど

1 約3年経過したもの

大きめの石に複数のコケを着生させた作品。作製から
約3年経過し、石全体がコケに覆われ、コケの上にコ
ケが重なるように生えて、厚みが出てきた。

2 ハサミでトリミング

伸びすぎたコケや、茶色くなってしまった部分はハサ
ミでトリミングする。また、密に生えている部分はピン
セットで抜き取り、間引く。

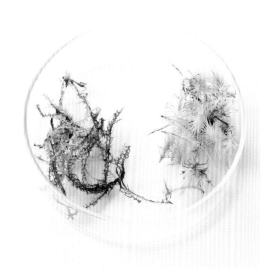

3 仕分ける

トリミングや間引きで出たコケの中から、緑色の元気
な部分を仕分ける。新しい着生作品の材料として利
用できる。

4 完成

トリミングや間引きを繰り返すことによって、きれい
な状態の着生石をより長く楽しめる。

着生石を作品に入れる

完成した着生石を、テラリウム作品の一部として組み込んで楽しむこともできます。
コケの生えた石を組み込むことで、作品に深みや奥行きが生まれます。
ワンランク上の作品作りにチャレンジしてみましょう。

使用したコケ：ヒノキゴケ、ホソバオキナゴケ、コツボゴケ

1 着生石を配置する

ガラス容器に用土を敷き、自然な姿になるように石の配置を決める（同じ種類の石を大小いくつか用意しておくとよい）。石を用土に埋めるように押し込む。土の上に置くだけでは固定されないため、石の下部が埋まるようにするのがポイント。

2 水を入れる

水差しで水を入れ、容器の底の土までしっかり湿らせる。水が溜まりすぎないように少しずつ加える。

3 石の周囲にコケを植えつける

コケの下部についたゴミなどをきれいに掃除してから、ピンセットでつまんで土に挿すように植えていく。大小のコケ（ヒノキゴケ・ホソバオキナゴケ・コツボゴケ）を、1か所にまとめすぎずにバランスよく配置する。

4 完成

容器全体にコケを敷き詰めると窮屈に見えるので、適度にスペースをあけてレイアウトする。着生石がよく見えるように、背の高いコケは手前には配置しない。

知っていると安心

育て方 Q&A

「カビが生えないか心配」「暑さには強いの？」など、
テラリウムでコケを育てているときのトラブルや疑問にお答えします。

上から　　　　横から

Q カビが出たらどうすればよい？

A 早く発見すれば大丈夫。
カビはきれいに取り除きましょう

カビは発生初期であれば対処できます。発生具合に合わせて、きれいに取り除きましょう。取り除いた後は、家庭園芸用の殺菌剤（ベンレート、トップジンMなど）をかけておくとより効果的。カビが全体に広がり、コケが茶色くなり始めていたら手遅れです。日頃からよく観察し、早めに気がつくことが大切です。

カビの出方で対処法
が異なる
❶コケの先にカビが
発生した場合
⇒カビが発生した部
分をコケごと切って取
り除く（写真右）

家庭園芸用
の殺菌剤

その他、こんなカビも
❷ふわふわしたカビが広がって発生した場合⇒綿棒で丁寧に取り除く
❸広範囲にカビが発生した場合
　⇒コケを容器から取り出し、水洗いしてカビを取り除く

Q カビの予防はどうすれば？

A 環境を整え、元気に
育てることが大切です

コケ自体に抗菌性があるため、環境がよく元気なときにはカビが発生することはありません。容器内を清潔に保ち、コケを元気に育てることが一番の予防です。コケ以外の有機物がカビの発生源になることも多いので、テラリウム作製時に枯葉や枯れ枝が入らないよう、コケを念入りに掃除してから作りましょう。

　　　主なカビの発生原因　　　●暑さや乾燥でコケが傷んだ。
　　　　　　　　　　　　　　　●枯れ葉などのゴミが混入した。

Q 茎から出た白いものはカビ？

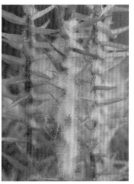

A コケの仮根です

仮根は茎の途中から出ることもあり、色が白や茶色であるため、一見するとカビと見間違えることも。カビはコケの先端や表面に発生することが多く、蓋を開けたときにカビ臭がします。

Q どれくらいの暑さまで耐えられる？

A 30℃以下が理想です。
35℃を超えると、種類によっては枯れてしまうことも

本書で紹介しているコケの適温は10〜25℃くらい。30℃を超えると生長が鈍くなり、35℃以上になると傷みが出始め、種類によっては枯れてしまうことも。暑い時期はできるだけ涼しい場所で管理します。どうしても暑くなってしまう場合は、冷蔵庫の中に避難させても。3週間程度であれば、冷蔵庫の中に入れても大丈夫です。
蓋なし容器の場合、乾燥してしまうので、ジッパーつきの保存袋などに入れてから冷蔵庫で保管しましょう。

Q どれくらいの寒さに耐えられる？

A 寒さには強いけれど、凍らせるのはNG

コケは寒さに強いので、凍らない程度の気温であれば問題ありません。一方、暖房で温まると容器内に熱がこもり、調子が悪くなってしまうことも。肌寒いくらいの温度で管理したほうが元気に育ちます。凍らせてしまうと、傷むこともあるので注意します。もし凍らせてしまったときは温めて解凍せず、自然の温度でゆっくりとかすと傷みが出にくいようです。

Q 日当たりの悪い部屋でも育てられる？

A 暗い場所はNG。
コケの生長には光が必要です

コケは光合成をおこなって活動しているため、光はとても大切な要素。暗い場所に生えている印象がありますが、意外と明るい場所を好みます。明るさが不足すると弱ってしまい、細く痩せてしまったり、カビが発生したりする原因になります。コケに適した明るさは500〜2000ルクス程度。最低でも文庫本が読めるくらいの明るさが必要です。1日のうち8時間程度明るい場所が理想。暗い部屋で育てる場合は、LED照明を利用するなどして、明るさを補うとよいでしょう。

Q ガラスにつく白い汚れはどうしたらよい？

A 原因はカルキ。
水やりのとき、ガラスにつく水滴を拭き取りましょう

ガラス表面の白い汚れは水道水に含まれるカルキ成分が付着したもの。霧吹きでコケに水を与えるときガラスについた水滴を拭き取っておくと汚れ防止になります。ひどく汚れがついてしまったときには、水で湿らせた耐水ペーパー（目の粗さ＃2000以上）でこするときれいになります。目が粗いものを選ぶと、ガラスに傷がついてしまうので気をつけましょう。

水やり後、容器の内側の水滴を拭き取ると汚れ防止に

汚れがひどいときは、＃2000以上の目の細かい耐水ペーパーでこする

白い汚れは、水に含まれるカルキ成分が原因

Q 虫が発生することはありませんか？

A 蓋つきのテラリウムであれば大丈夫

キノコが発生することも

シリブトガガンボの幼虫

ダンゴムシやガ、ガガンボ、ユスリカなどの幼虫がコケを食害することはありますが、蓋つきのテラリウムであれば、後から虫が入ってしまうことはほとんどありません。材料のコケについていることがあるので、作製するときにコケをよくきれいにして、虫を入れないように注意しましょう。また、キノコが発生したら、胞子をまき散らさないうちに抜き取りましょう。とくに野外で採取したコケには虫が潜んでいることが多いので、テラリウム用に販売されているきれいなコケを使うと安心です。

Q 道端のコケはテラリウムに使える？

A 不向きな種類が多いので避けましょう

道端に生えるコケは、ギンゴケやホソウリゴケなど乾燥に強く、日当たりを好む種類が大半です。これらはテラリウム栽培には不向きなため、うまく育たず枯れてしまうことが多いようです。また、上でも述べたとおり、野外のコケには虫が潜んでいることが多く、使う前によく洗浄・殺虫してから使用する必要があります。失敗しないためにもテラリウム用に市販されているコケの使用をおすすめします（p.92参照）。

道端に生えているギンゴケ

Q コケにも肥料は必要？

A 長く育てるには肥料も必要です

コケは雨水だけでも生えるほど、わずかな栄養で生きていける植物。それでも、長く育てていると次第に色が淡くなってしまうことも。観葉植物用の液体肥料を規定の倍率で薄めて、生長期（春と秋、各1回程度）に霧吹きで与えるとよいでしょう。肥料を与えすぎると藻が発生し、容器の中が汚れる原因になるので注意が必要ですが、ゼニゴケやジャゴケなどの葉状苔類は、肥料を与えたほうがよく生長するので、与える回数を多くするとよいでしょう。

ゼニゴケの無性芽栽培に挑戦!

ゼニゴケの葉の上につくカップ状の無性芽器（むせいが）には、小さな無性芽（※）がいっぱい。無性芽は雨などで飛び散り、生息範囲を広げていきます。このゼニゴケの無性芽を使って、コケが芽吹いて生長する様子を観察してみましょう。ゼニゴケの生長はとても早いので、子どもの自由研究にもおすすめ。

※無性芽…植物体の体の一部が本体から離れて、新しい個体になるように分化した体の部分のこと。

身近によく生えているゼニゴケ

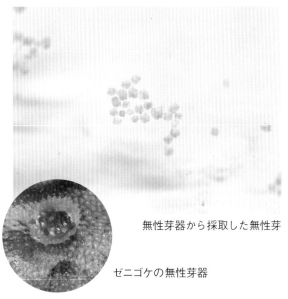

無性芽器から採取した無性芽

ゼニゴケの無性芽器

用意するもの	ゼニゴケ（無性芽器がついているもの）／用土／台形ポット＜蓋なし容器＞（直径9×高さ12㎝）
道具	スポイト／つまようじ／ルーペ／シャーレ／霧吹き／ラップフィルム

1 無性芽を取り出す

無性芽器に入った小さな緑色のツブツブ（無性芽）を、つまようじなど先の細いものでほじるようにして取り出す。若い無性芽器にはまだ無性芽が入っていないことがあるので、ルーペなどで確認しながら作業する。必要な量の無性芽を採取するのに、無性芽器を5個くらい見つけておくとよい。

2 水に浸ける

シャーレなどの小さな器に深さ1cm程度水を入れる。無性芽をつまようじの先につけ、水の中に沈める。この作業を無性芽器を変えながら5回程度繰り返し、必要な量の無性芽を採取する。

無性芽入りの水

3 無性芽を蒔く

ガラス容器に用土を入れ、霧吹きでよく湿らせておく。取り出した無性芽をスポイトで吸い、用土全体に蒔く。1か所に固まって生えないよう、まんべんなく蒔いておくのがポイント。

4 ラップをして湿度を保つ

ゼニゴケは蓋なし容器で育てるとうまく育つが、芽吹いたばかりの新芽は乾燥に弱いため、乾かないようにラップをしておく。10日程度経ち、コケの形がはっきりしてきたら、その後はラップを外して育てる。

蒔きたての状態

5 発芽〜生長

季節にもよるが5〜7日で新芽が生長を始める。倍率の高いルーペで観察すると、小さいながら仮根が伸び始めているのがわかる。

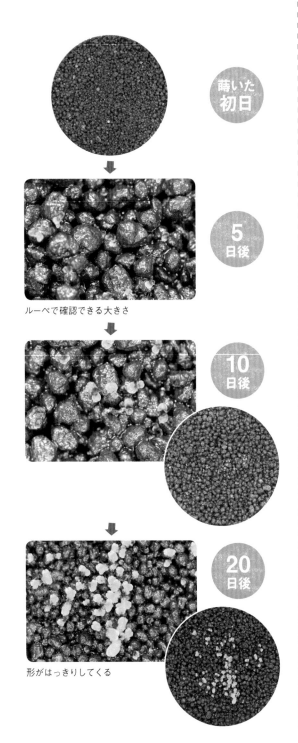

蒔いた
初日

5
日後

ルーペで確認できる大きさ

10
日後

20
日後

形がはっきりしてくる

40
日後

50
日後

生長して、再び無性芽器がついた

60
日後

テラリウムの無性芽栽培ならではの美しいグリーンが印象的。ここからまた無性芽を取り出し、繰り返しふやし続けることもできる

2章

もっと魅せる！
苔テラリウム

配置テクニック

テラリウムを始めたら、コケが生える小さな森のような景色を再現してみたくなりませんか？
1章の着生テクニックをいかしながら、複数種類のコケを組み合わせたり、石や砂を使ったりして、
小さなガラス容器の中に自然な姿を再現する配置テクニックを解説します。

生長すればするほど
苔むした世界を深く楽しめる

用意するもの

材料	タマゴケ・ヒノキゴケ・コツボゴケ など／溶岩石／スクエア容器（幅 10×奥行10×高さ8㎝）／渓流砂
道具	ハサミ／ピンセット／霧吹き／筆

詳しいプロセスは
動画でチェック！

飾り方のポイント

1 石を配置する

石はサイズの違うものを、奇数個（3個や5個）入れると自然な姿に演出しやすい。2個で作る場合は、大きさがはっきりと違うものを選ぶとよい。

2 用土に傾斜をつける

狭い空間を立体的に見せるために、用土（渓流砂）に傾斜をつける。筆を使ってならしていくと、きれいに仕上がる。

3 コケを植えていく

コケは1か所にまとめず、同じ種類のものも3か所程度にばらして植える。多く植えるところと、少なく植えるところをはっきりさせると、より自然な仕上がりになる。

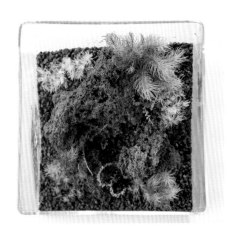

4 生長後をイメージして配置

生長したときもきれいに見えるよう、容器内いっぱいに植えずに余白を残しておく。とくにガラス容器の壁面からは、0.5〜1㎝隙間をあけるようにする。

✕ これはNG！

コケの入れすぎ

コケを容器内いっぱいに入れると生長するスペースがなくなるうえ、窮屈な印象に。せっかく複数種類を植えても、個性の違いが際立たない。

側面に余裕がない

壁面ギリギリにコケを植えつけると、ガラスに張りつき窮屈な印象を与えてしまう。生長するにつれ、さらに窮屈になっていく。

着生を応用

タマゴケをプラス

刻んだタマゴケを石に蒔いて着生させる（p.17参照）。数か月後、石からもコケが生えてより自然な景色に変化する。石全体に蒔かず、つけたいポイントに密に蒔くとよい。

もっときれいに魅せる 配置テクニック

コケの自然な姿や生態をイメージして配置すると、ぐんと見栄えがする作品になります。

1 テクニックを組み合わせる

大きく配置した溶岩石が苔むしていくようなイメージで作製。写真は4か月が経過したものです。右中央の石の上では茎を刻んで蒔いたヒノキゴケの小さな新芽が芽吹き始めています。コツボゴケは溶岩石に這い上がるよう、石に密着させるように植えつけ、左上の石に蒔いたフデゴケも徐々に芽吹き始めています。コケが芽吹き始めるまでは、こまめに霧吹きをして、石が湿った状態を保つようにします。

フデゴケ　　　コツボゴケ　　　ヒノキゴケ

使用したコケ：ヒノキゴケ・コツボゴケ・ムチゴケ・タマゴケ・ホウオウゴケ・ホソバオキナゴケ・フデゴケ・クジャクゴケ
（スクエア容器：幅10×奥行10×高さ8cm）

2 石の隙間に生えるコケをイメージ

輝板石を組み上げ、石垣の隙間に生えるコケの様子をイメージして作製しました。石の隙間にも用土を入れ、タマゴケやクジャクゴケを植えつけて、下のほうから石に這い上がっていくようにコツボゴケを配置。石は常に湿った状態に保っておくと、コケが着生しやすくなります。基本の配置にとらわれすぎず、自由な発想で楽しく作製しましょう。

使用したコケ：ヒノキゴケ・タマゴケ・コツボゴケ・クジャクゴケ
（シリンダー容器：直径10×高さ12cm）

イメージいろいろ

レイアウト素材で魅せる

レイアウトに使う石や砂を変えるだけで、まったく印象の違う作品になります。
ネット通販やアクアリウムショップでいろいろな種類の石や砂が販売されているので、
コケとの組み合わせを考えて選び、作品の幅を広げましょう。サンゴなどアルカリ成分の強いものや、
流木などの腐食しやすい素材は、苔テラリウムに向かないので避けましょう。

溶岩石(赤)

赤色の溶岩石は、コケの緑色を引き立たせる。水を含みやすく表面に凹凸があり、コケが着生しやすい。形にも個性があるので、立体的な作品作りに役立つ。

溶岩石(黒)

黒色の溶岩石を使うと全体が締まって見え、重厚な作品に仕上がる。赤同様、水を含みやすく表面に凹凸があるため、コケが着生しやすい。火山の麓に広がる苔の森のイメージ作りに。

青華石(せいか)

水に濡れると青みを帯び、明るい印象になる。渓流など、水の流れる場所をイメージした作品作りに重宝する。

気孔石(きこう)

黄土色の石で、土や岩が露出した崖や切り立った山のような印象を演出できる。形も個性豊かで、コケの緑色となじみやすく、作品に組み込みやすい。

輝板石(きばん)

板状の形で、石段や石組を作るのに向いている。大きさや厚みが色々あるので、石段などの構造物を作る場合は、事前に組み合わせを構想してから作製するとよい。

木化石(ぼっか(もくか))

テラリウムでは流木を使用しづらいので、代わりに用いて、朽木や倒木に生えるコケの景色を再現するのに適している。表面がザラザラしており、コケが着生しやすい。

富士砂
（ふじずな）

溶岩石が細かく砕かれてできた砂。レイアウトに使用すると、全体が引き締まった印象に。コケの仮根が絡みやすいので、生育にプラスの効果も。0.1〜1cmまでサイズがあるので使い分けるとよい。

渓流砂

水槽の底砂用として販売されている、川辺や湧水池から採取した砂。水辺をイメージしたレイアウトに使いたい。何色もの砂が混ざっているので、作品の中で目立ちすぎず、自然な仕上がりになる。

ブラックコース

直径7mmくらいでやや大きめ。丸みがあり小さな玉砂利のようで、濡れると黒さが増し、落ち着いた雰囲気に。日本庭園や砂利敷きの小道をイメージした作品作りに使用したい。

ホワイトストーン

直径7mmくらいでやや大きめ。丸みがあり、小さな玉砂利のような上品な見た目の素材。明るい白はコケの緑色をはっきりと目立たせる半面、自然な雰囲気が損なわれるため、使いづらさもある。

珪砂
（けいしゃ）

鮮やかすぎない白い砂で、ミニチュア枯山水のような作品を作るのに使いやすい。主張しすぎず、いろいろな石やコケとなじみやすく、作品に組み込みやすい。

クリスタルオレンジ

カラーサンドの一種。個性的な作品作りに使いたい。コケの緑色の中で、オレンジの砂はとても華やかな印象に。主張が強いので、ワンポイントにとどめるとよい。

同じコケでもこんなに印象が違う

石と砂を変えて

同じガラス容器に5種類のコケ（ヒノキゴケ・ホソバオキナゴケ・コツボゴケ・タマゴケ・シッポゴケ）を
同じように配置し、異なる種類の石と砂を組み合わせてレイアウトしました。
コケと器が同じでも、作品の印象がガラリと違って見えませんか？

容器は3点とも
（直径10×高さ12cm）

1
気孔石と渓流砂で

石と砂の色合いを揃えると、作品全体が整った印象になります。石と砂の色合いがコケとなじんで、野山の風景を思わせます。自然に生えるコケの姿を再現したいときにおすすめの組み合わせです。

2
溶岩石(赤)と珪砂(けいしゃ)で

溶岩石の周りに珪砂を敷くことで、コケと石がそれぞれくっきり引き立つようにしました。溶岩石にはコツボゴケが這い上がり、これからの景色の変化が楽しみな作品です。

3
輝板石(きばん)と富士砂で

板状の輝板石を立てて配置し、古代文明の遺跡のような雰囲気に。個性が強い形の石を使うと、独創的な作品になります。個性的な石を配置するときは、主張しすぎない砂を選んだほうが、作品に落ち着きが出ます。

ワンランク上の作品作り

大型の作品に挑戦

1辺が15cm以上の容器を使って、大型の作品作りに挑戦しましょう。
レイアウトに使える材料も増えるので、より独創的な作品が作れます。

横長の水槽で

木化石を倒木に見立ててレイアウト。
石にはコツボゴケ・ヒノキゴケ・タマゴ
ケを着生させました。隙間に見えるや
や大きめの葉は、クモノスシダ。小型
のシダ植物は、コケとの相性がよいの
でおすすめです。

水槽（幅30×奥行20×高さ14cm）

石段風に

輝板石を使ってテラリウムの中に石段をレイアウト。古い寺にあるような、苔むした石段をイメージしました。隙間や周りに植えたコケが生長し、石段が徐々に覆われていく姿を楽しめる作品です。デザインのポイントはp.62参照。

ガラス容器（直径18×高さ14㎝）

正方形の水槽で

大小の溶岩石を起伏をつけてレイアウト。10種類以上のコケをちりばめるように植えつけ、溶岩石にもコツボゴケ・タマゴケ・ヒノキゴケを着生させました。デザインのポイントはp.63参照。

水槽（幅20×奥行20×高さ14㎝）

大型作品のデザインのポイント

石段は下の段を広く、上に行くにしたがって狭くなるように配置すると、遠近感が現れ、奥行きが出る

石段部分の両サイドに余白ができるので、コケをたっぷりと植えつける。ヒノキゴケやオオシラガゴケなどをこんもりと植えつけ、カサゴケをワンポイントで使うとアクセントになる

石段の隙間にタマゴケを植えつけ、石の隙間に生えるコケを表現。石の隙間にも土を入れ、刻んだタマゴケを土に蒔きゴケしておく

石段風アレンジ

石とコケを上手に組み合わせることで、古い遺跡や寺院のような雰囲気をデザインできます。
長い時間が経過したような味わいが感じられるように、
石の隙間にもしっかりコケを植えるのがポイントです。

石の上に蒔きゴケしたタマゴケやヒノキゴケが着生し、徐々に苔むしていく。石の下部に植えつけたコツボゴケが、石に這い上がっていく姿を楽しめる

コケの生長とともに完成させる

植えつけするときは、十分な余白を作ってコケを
配置します。1か月、2か月とだんだんと生長し、
植えつけから約6か月後には全体に広がって、
水槽全体が苔むした状態に。
初めからみっちり植えるよりもコケが
のびやかになり、10種類以上のコケを寄せ植えしても、
1つ1つのコケが美しく見えます。

広がるアイディアをいかして

自然の風景から作品をイメージ

作品をレイアウトするときに参考になるのは、自然にコケが生えている景色です。苔むす森や渓流、
公園や寺院などコケの生える場所へ出かけて、作品のイメージを膨らませましょう。

急斜面を再現

急傾斜を作って、壁面にさまざまなコケ
が生える景色（写真左）を再現しました。
石と用土を組み上げて作った斜面は、
コケが生長し、仮根が絡み合うことで
崩れなくなります。ホウオウゴケやシノ
ブゴケを斜面に配置して、作品に流れを
作っているのがポイント。横から見ると
急傾斜がよくわかります。

樹海を再現

富士山麓に広がる青木ヶ原樹海で見た景色（写真左）をもとに、溶岩石の上を這うように広がるコケの姿や、岩の隙間に生えるコケの姿を再現しました。枝垂れるように広がるコツボゴケが作品のポイント。樹海にある岩のように、年月とともに溶岩石がコケに覆われていきます。

形状の異なる理化学容器を組み合わせて

実験器具に飾って楽しむ

ビーカーや試験管にコケを植えて、実験しているような気分でコケ栽培を楽しんでみませんか。
容器の特性に合わせて育てる種類を変えると、さらに栽培の楽しさが広がります。

試験管などを使う場合

試験管や試薬瓶に1種類ずつ違うコケを植えると、生きた標本のように楽しめます。コケ1本1本の形がわかるよう、少量ずつ植えつけるのがきれいに飾るポイント。木製の試験管スタンドを使うとナチュラルな雰囲気が出て、よりインテリア性が増します。

使用したコケ：ミズゴケ（左）、シノブゴケ（上）、ハイゴケ（右）

ビーカーなど 口があいているもの

ビーカー（左）・コニカルビーカー（右）・三角フラスコ（奥）など口があいている容器は、蓋なし栽培向きのコケ栽培に適しています。口の広さで湿気の溜まり方が異なるため、どのコケがどの容器に適しているか試してみるのもよいでしょう。

シャーレ

ガラスシャーレにいろいろなコケを蒔いて、コケが再生していく様子を観察するのもおもしろいものです。時間はかかりますが、徐々に広がっていく様子は、大人の自由研究にも好適。ルーペをのぞきながら観察日誌をつけたり、ブログの記事にすると楽しみが広がります。

使用したコケ：オオシラガゴケ（左）、タマゴケ（中央上）、コツボゴケ（中央下）、フデゴケ（右）

もっと身近に置いておきたい

苔のミニテラリウムを楽しむ

コケは小さくて生長がゆっくりなので、
種類を選べば指先にのるようなミニチュアのボトルに植えて楽しむこともできます。
いろいろなボトルにコケを植えて、雑貨のように飾ったり、コケを連れて歩いたりしませんか。

ミニテラリウム

4cm角の小さなコルクボトルにコケ
を植えつけました。ゆっくり生長す
る種類のコケを選べば、こんなに
小さな容器でもそのまま2年近く
楽しめます。生長が進んで混み合っ
てきたら、トリミングなどをしてすっ
きりさせましょう。

上の写真で使用したコケ：ヒノキゴケ（左）、
ホソバオキナゴケ（中央）、コツボゴケ（右）

コケをストラップや
アクセサリーに

テラリウムの中でふえたコケを数本小さなボトルの中に入れ、ネックレスやストラップとして持ち歩くこともできます。数週間程度であれば、土を入れずにコケだけを入れておくことも可能。身に着けないときは明るい室内で壁かけにしたり、ボトルから取り出して元のテラリウムに戻すこともできます。

使用したコケ：ホソバオキナゴケ（3点とも）

苔テラリウムをもっと楽しむ

他の植物との組み合わせを楽しむ

テラリウムは湿気を好む植物にとって快適な環境です。そのような植物とコケを組み合わせて、個性豊かな作品を作ってみましょう。きれいに長く楽しむためには、枯れた葉を取り除いたり、伸びすぎた枝を剪定するなど、容器の中を清潔にし、すっきりさせておくのがポイントです。

観葉植物ベゴニア
との組み合わせ

葉の模様が個性的な小型のレックスベゴニアをコケと合わせると、エキゾチックな作品に。模様や色が異なる種類が複数あるため、何種類かを合わせて寄せ植えにするとより楽しめます。葉が大きいので、生長後は適度に間引き、コケが陰にならないよう注意することが必要です。

蓋つきの容器でも楽しめる

食虫植物ネペンテス
との組み合わせ

ネペンテスは葉の先が袋状に変
形し、袋の中に落ちた虫を消化
して栄養にする食虫植物の一種。
多湿を好むため、テラリウムの環
境は最適といえます。密閉され
たテラリウム内に虫は入れませ
んが、わざわざ虫を与えなくて
も大丈夫です。

食虫植物モウセンゴケ
との組み合わせ

モウセンゴケは葉にある粘毛か
ら粘液を出し、虫を捕まえる食
虫植物の仲間です。湿地に生え
るので、テラリウムとは好相性。
テラリウムで育てると粘液の分
泌がよくなり、毛先に溜まった
粘液がキラキラと輝く様子が楽
しめます。

生き物とともに楽しむ

コケの生える場所には、さまざまな生き物が生息しています。
苔テラリウムは、コケとともに暮らす小さな生き物にとっても快適な環境。
身近な生き物を一緒に育ててみましょう。

※ダンゴムシやカタツムリは土がある場所であれば採取することができます。私有地では土地の所有者に許可を取り、
公共の場での採取も自治体の条例などに従って行ってください。生き物ですので大切に、節度ある扱いをしましょう。

コケの中で丸くなる姿はとくに愛らしい

ダンゴムシ

環境　湿度の高い環境が好きなため、苔テラリウムの中は快適。臆病なので、身を潜める場所が必要です。ヒノキゴケなど背丈のあるコケを配置して隠れ家を作ってあげましょう。コケを植えないスペースを作り、エサ置き場にします。ガラスは這い上がれないため、深さのあるガラス容器なら蓋がなくても飼育が可能。大きめの石を配置しておくと、石の上を散歩する姿も観察できます。直径15cmの容器に10匹程度までが適量。入れすぎないように注意しましょう。

管理　雑食のため、エサが不足するとコケも食べてしまいます。ニンジンやナスなどの野菜と、カルシウム補給としてカットルボーンなどのカルシウム剤を入れておきましょう。煮干しやチーズはテラリウム内が不衛生になるので避けます。ダンゴムシの糞にカビは生えにくいので、掃除もエサの交換程度でほとんど必要ありません。

成育　脱皮しながら成長し、3年程度は生きます。上手に飼育すれば5年以上生きることも。野外では冬眠しますが、暖かい屋内では冬眠せず、活動したまま越冬します。上手に育てると、2cm近い大きさに成長。雄雌入れておくと、卵を産み繁殖することもあります。

カタツムリ

環境　ダンゴムシと同様、湿度の高い環境が好きなため、テラリウムとの相性は抜群。地域によって種類が豊富なので、いろいろなカタツムリを育てる愛好家もいるようです。コケに加えてシダ植物や化石のレプリカなどをレイアウトすると、古代の森を思わせる作品に仕上がります。ガラスの壁面も登ってしまうため、蓋はしっかり閉まるものを選びます。小さな容器に複数入れると、おたがいの殻を舐め合って傷がつくため、1匹ずつ飼うのがおすすめ。

管理　乾燥が苦手なので、霧吹きをかけて湿度を適度に保ちます。ニンジンやキャベツなどの野菜が好物。殻を作るためにカルシウムが必要なので、カットルボーンなどのカルシウム剤を入れておきます。エサを与えないとコケを食べてしまうことがありますが、他に栄養のあるエサがあれば積極的にコケを食べることはないようです。糞が溜まってきたら、適宜、容器内を掃除しましょう。

成育　種類によって寿命が異なりますが3～5年程度生きます。小型の種類だと1年以内と短く、大型の種類だと10年以上生きることもあります。

コケ愛好家が飼育しているサッポロマイマイ（愛称：とまこ）

照明を上手に使う

光は苔テラリウム栽培にとても大切な要素。コケの生育には考えられている以上に明るさが必要です。
室内の薄暗い場所では、コケはうまく生長することができません。
十分な明るさを確保できない場合や、明るい時間が短い場合は、照明を活用して明るさを補いましょう。

コケは屋外の日陰によく生えているため、暗い場所で育つ印象があります
が、自然界でコケが生えているところは、室内と比べると実は結構明
るいもの。テラリウムに使用する種類のコケに適した明るさは、500〜
2000ルクスくらい。室内で読書できる明るさが500〜750ルクスといわ
れるので、読書が問題なくできる程度の明るさが最低限必要です。また、
明るい時間の長さも大切で、8時間程度明るい時間が続くと、コケは十
分に光合成できます。

いろいろな照明

スタンドタイプ

苔テラリウムに使うなら、スタンドタイプのLEDライトがよいでしょう。植物の生育に合わせた植物専用の照明（写真は「植物のための育つライト」）も市販されています。用途に合わせて高さや明るさを調整できるので、大小さまざまな苔テラリウムに利用できます。

ルーペ型ライト

ルーペ型のLED照明付きスタンドライトは、コケ育成に必要な照明としてだけでなく、のぞき込んで観察することもできます。アーム部分が可動式なので、高さや角度を変えることも。夜な夜な照明を当てながら、苔の森をのぞき込みたくなります。

モスライト

「Mosslight-LED」はインスタグラムなどで注目を集める、LED照明付きの栽培容器です。LED照明付きテラリウム作家・内野敦明氏が植物のために開発したもので、美しさだけでなく、植物の生育にも適しています。種類や生育状況によって光の強さを4段階に調整でき、夜には、インテリア照明として室内を快適に照らしてくれます。

LEDの色温度は、植物が活動する午前中の光に近い5000K（ケルビン）。演色性（自然光が当たったときの色の再現度を示す指標）は、Ra85というこだわり（自然光が当たったときと同様の色を示す値がRa100）

ヘッド部分はブラック（写真左）とホワイト（写真右）の2種類あり、部屋のインテリアに合わせて選ぶことができる

コケひと筋40年！
夢はコケのテーマパーク

モスファーム（静岡県富士宮市）

https://www.mossfarm.jp/　Moss Farm

今回訪れたモスファームの社長・北條雅教さんは、33歳のころからコケ栽培をスタート。
富士山の麓で約40年間、コケひと筋で生産販売を行っている、
コケの農業法人を訪ねました。

正しいコケの知識を
啓蒙したい

　モスファーム創業以前は造園の仕事をしていた社長の北條さん。当時多くの現場で「コケはすぐ枯れてしまう」と粗末に扱われていたことに憤りを感じ、コケの正しい知識を啓蒙するために、栽培を始めました。

　モスファーム創業後は、他の植物を扱ったことは一度もなく、コケ一本で生計を立ててきました。それだけに、軌道に乗るまではかなり苦労もあったようです。初めは生産したコケを造園業者に持ち込んでもまともに取り合ってもらえず、経営もかなり苦しかったということ。ようやく仕事が軌道に乗り始めた矢先、山中で熊に遭遇し、大怪我を負ったこともありました。このことがきっかけで社長の奥様が経営に加わるようになり、ネットでの販売に力を入れていくことになったそうです。現在は、社長の息子さんも経営に加わり、ネット販売メインのコケ生産販売の老舗として知られています。

　開業当初は造園によく使われるウマスギゴケのみを生産し、ウマスギゴケ栽培に適した黒ボク土壌のある富士宮市で栽培面積を広げてきました。今も販売のメインは造園用のウマスギゴケで、全体の40％ほどを占めています。次にスナゴケ、ハイゴケが多く、タチゴケ、コツボゴケ、シノブゴケなども扱っています。顧客のリクエストに応えながら徐々に品目を増やし、現在は20種類ほどのコケを生産しているそうです。

富士山の麓、富士宮市に農場があり、毎日富士山の姿を眺めながらコケを生産している

農場一面に生えたコケ。大きく生長したところから剥がして出荷する

ハイゴケは飛ばないようにネットで押さえて栽培。シート状に生長した時点で販売している

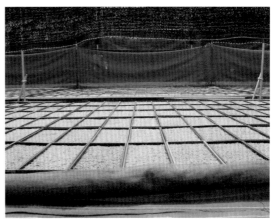

育苗トレーで栽培しているスナゴケ。季節によって、遮光ネットを使って光の強さを調整する

出荷前のコケを一時保管する場所。ここで最終調整して出荷する

雅教さんの息子、雅康さん。大学院でコケを学び、現在はモスファームでコケの生産に従事している

卸売販売からネットショップへ

通信販売を始めたのは1998年ごろ。2001年にはネットショップを開設し、卸売から小売販売に舵を切りました。2006年ごろからネット通販の売り上げが伸びはじめ、2011年には株式会社モスファームとして農業生産法人を設立。近年ではコケの増産にともない、農場の拡大を進め、現在は、ほぼネット通販のみでコケを販売しています。

用途としては造園用がメインですが、最近のテラリウム人気から、小分けパックでの注文も増えてきているそう。栽培相談など、ユーザーからの問い合わせも多く、長年のコケ栽培のノウハウをいかして対応しています。

今回は富士宮市内に数か所ある農場の一部を見学させてもらいました。コケの特性に合わせ、露地栽培、ハウス栽培、水耕栽培など、育て方も様々。同じ圃場内でも、日当たりのよいところにはウマスギゴケ、スナゴケ、木の陰になるようなところには、タチゴケ、シノブゴケといったように、こまやかに栽培場所を変えていたのが印象的でした。

コケ栽培での最大の苦労はコケの病気です。蔓延してしまうと一度に大半のコケが枯れ、大きな被害が出ることも。当初は発生してからの対症療法しかありませんでしたが、そのつど病原菌を特定することで予防防除ができるようになり、生産が安定してきたそうです。ここにも長年、試行錯誤したノウハウが生きています。近年の需要拡大に合わせ、コケを増産するために農場の拡張を進めており、今後はドローンの活用など、新しい栽培技術にも取り組んでいくそうです。

自社栽培のコケの魅力を発信

　栽培したコケと天然のコケの違いについて伺うと、「長年培ってきた技術により、コケの品質が安定している。また、栽培ノウハウがあり、プロとしてお客様の相談に乗ることができる。それは天然物を採取している業者との大きな違いだと思う」と話してくれました。

　コケブームで同業のコケ生産業者が多くなってくる中、どうやって差別化を図っていくのかが今後の課題です。

　モスファームでは、茶色く変色しにくい個体を選抜増殖したウマスギゴケを『富士山みやび苔』として商標登録し、コケのブランド商品として販売を始めました。コケのブランド化は業界でも初の試みなので、注目が集まるところ。コケひと筋でこの道を切り開いてきたモスファーム。いつの日か、一般の方にもコケを楽しんでもらえる「コケのテーマパーク」をつくるのが北條さんの夢だそう。夢の実現を、全国のコケファンが心待ちにしています。

ウマスギゴケは造園用として利用されるため、1回の出荷が大量。モスファームの主力商品である

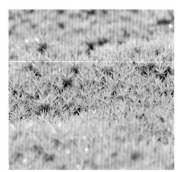

茶色く変色しにくい、モスファームオリジナルブランドのウマスギゴケ『富士山みやび苔』

ひとつひとつ丁寧に掃除してから出荷している

3章

もっと楽しむ！
コケ＆苔テラリウム

のぞいて
みたい、
コケの
楽しみ方の
世界

コケのことが好きすぎて、コケを食べてみた。

「コケのことが好きすぎて、食べてしまいたい！」そんなコケ愛好家の要望に
石河英作さん監修のもと、料理研究家の田島奈津子さんが応えてくれました。
遊び心あふれる、コケにまつわる料理2品に胸が高鳴ります。

本物そっくりのでき映えに
食べるのをためらってしまいそう

苔テラリウム丼

コケに
見たてた
コケ料理

1 鶏肉と竹炭パウダーで「唐揚げ溶岩石」を作る

本物の溶岩石

材料（直径8×高さ8cmのテラリウム
　　　容器約2個分）

鶏もも肉…250g

A
- ショウガ…小さじ½
- ニンニク…少々
- しょうゆ…大さじ⅔
- 塩・砂糖・酒…各小さじ1
- ごま油…少々

衣
- 卵…1個
- 小麦粉…大さじ4
- 竹炭パウダー…2g

揚げ油

本物らしく見せるポイント
- 鶏肉の形を不ぞろいに、エッジを立てて切る

作り方
❶ボウルに鶏肉を入れ、Aを加えてもみ込み、下味をつける。
❷別のボウルに衣の材料を混ぜ合わせ、①をくぐらせて多めの油でからりと揚げる。

竹炭パウダーを加えた黒い衣は不気味だが、味は通常のものとまったく変わらない

2 ひき肉ともちきびで2種類の土を作る

本物の赤玉土

本物の黒土
（富士砂）

材料（テラリウム約2個分）
赤玉土
鶏ひき肉…100g

B
- みそ…適量
- しょうゆ（減塩タイプ）…適量
- 砂糖…適量
- 酒…少々

キヌアパフ…適量
しょうゆ（減塩タイプ）…適量
ショウガの絞り汁（好みで）…適量

黒土（富士砂）
もちきび…30g
竹炭パウダー…適量

本物らしく見せるポイント
- 色の濃いみそを使うと赤玉土の色に近くなる。キヌアパフを混ぜて土の質感に近づける
- ゆでたもちきびに竹炭パウダーをまぶし、黒土の質感を出す

そぼろ赤玉土の作り方
❶ひき肉をフライパンで炒りつけ、Bで味つけし、そぼろを作る。ショウガの絞り汁を好みで加えてもよい。キヌアパフはしょうゆにつける。
❷ブレンダーに①のそぼろを入れ、土の粒大になるまで攪拌する。①のキヌアパフと混ぜる。

つぶしたそぼろ（写真左）にキヌアパフ（右）を混ぜることで、土の質感を出す

もちきび黒土（富士砂）の作り方
❶もちきびをゆでてざるにあげ、水気を切る。
❷①に竹炭パウダーを加えて色をつける。

もちきびの白っぽさが残らないよう、少しずつ竹炭パウダーを加えて混ぜていく

3 緑の野菜で「コケ」を作る

本物のコケ

材料（約2個分）
ディル・パセリ・ブロッコリー
　…各適量
めんつゆ…適量

本物らしく見せるポイント
●形状の違う緑の野菜を3種選ぶ。ブロッコリーはホソバオキナゴケ、ディルはヒノキゴケをイメージして選んだ

作り方
❶小房に分けたブロッコリーはゆでて水適量で薄めためんつゆにひたしておく。
❷❶とディル、パセリを扱いやすい大きさに分け、ピンセットでつまんでちぎり、コケのパーツを作る。

苔テラリウム作成時と同様、コケ用の野菜は、ピンセットでつまみながら細かくしていく

4 苔テラリウムに仕上げる

必要な道具と材料
ピンセット、菜箸
ご飯（80g）
唐揚げ溶岩石（作り方❶）
そぼろ赤玉土、もちきび黒土
（作り方❷）
緑の野菜のコケ（作り方❸）
緑の野菜パウダー（市販品・ブロッコリー、ほうれん草など）…各少々

① 野菜で着生ゴケを作る

唐揚げ溶岩石を2個選び、緑野菜のコケをピンセットで小さくつまみ取り、着生ゴケをイメージして挿す。

② ご飯と赤玉土を敷く

ガラス容器にご飯を入れて平らにする。容器の周縁部分にそぼろ赤玉土を重ね、横からガラス越しに見て、ご飯が見えないようにする。

③ 溶岩石を配置する

そぼろ赤玉土の上にもちきび黒土を重ねる。正面を決めたら、①の溶岩石を配置する。溶岩石で、白いご飯の部分を覆うように置くとよい。

④ コケを植えつける

ガラス容器の周縁部分など、コケを生やしたい場所に、緑野菜のコケをピンセットでつまみながら挿していく。

⑤ 蒔きゴケをする

野菜パウダーをピンセットの先ですくうように取り、溶岩石や土の上にのせる。部分的にかけるほうが、本物らしく見える。

⑥ できあがり

蓋をして、食べられる苔テラリウムのできあがり。調理後は早めに食べること。

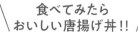

食べてみたらおいしい唐揚げ丼！！

蓋を開けた瞬間、鯛とエノキタケに
移ったジャゴケの香りが立ちのぼる、
ぜいたくなコケ料理です

鯛のジャゴケ蒸し

本物の
コケ料理

必要な道具と材料（1人分）
蒸し器、クッキングペーパー
鯛（刺身用の皮なし）…半身
ジャゴケ…7枚程度
エノキタケ…10ｇ
日本酒…小さじ½
塩…適量

約10分蒸すだけで、ジャゴケの香りを吸っ
た鯛とエノキタケの組み合わせの妙を楽
しめる

ジャゴケの下処理

ジャゴケの裏側にあるひげのよう
な仮根には、土や汚れが絡んでい
るので、爪でそぐようにしながら、
よく水洗いする。

作り方
❶鯛に塩と日本酒で下味をつける。
❷エノキタケは根元を落とし、食べ
やすい大きさにほぐす。
❸蒸し器にクッキングペーパーを広
げ、エノキタケ、鯛、ジャゴケの順
に重ねてクッキングペーパーで包む。
❹蓋をして約10分加熱する。

蒸し器にクッキングペーパーを広げ、食材
を重ねる。クッキングペーパーの上端をた
たんで全体を包み、蒸す。蒸しあがったら、
ジャゴケを外していただく

※コケの種類によっては、アレルギー物質を含むものや、寄生虫がいる場合があります。
専門家の監修のもと、しっかり下処理をしてから調理しましょう。

わたしのコケの楽しみ方

コケは身近な存在なのに、ひっそりと目立たないためか、その魅力に気づいていない人も多いもの。
観察したり、テラリウムを作って育てたり、グッズを作ったり……と、
コケの奥深い魅力に開眼した方々の、それぞれの楽しみ方を教えてもらいました。

観察も栽培も楽しい！ スマホ写真が急増中です

立川知里さん
（コケ歴約5年）

もともと登山が趣味で、2014年に初めて訪れた屋久島でコケの魅力に目覚めた
立川さん。アラハシラガゴケを購入して自宅で育て始めたものの、
室内の乾燥ですぐに枯れてしまったそう。
失敗を糧に育て方を調べるうちに「苔テラリウム」と出合い、のめり込んでいきます。

テラリウムでコケを育てようと、再び屋久島を訪れ、シッポゴケとアラハシラガゴケを買い求め、苔テラリウムを始めた立川さん。5年経った今では、当初植えたボトルが手狭になり、株分けをするほどに。ほかにも常時5〜6種類のコケを育てていますが、自宅での温度管理が難しいので、1つの容器に1つのコケを植える単独テラリウムが自分には適しているといいます。「街中を歩くだけでもコケはあるので、道端などをついつい見てしまいます。手軽に楽しめるのがコケのいいところ。花のように季節が限られないですし、一年中楽しめます」。立川さんの暮らしに、コケはしっかりと根づいているようです。

5年前に屋久島で購入し、苔テラリウム第1号となったアラハシラガゴケ（写真手前）。水晶との組み合わせがお気に入り。今はこれが生長し、ボトルが手狭になったため、他のボトルに株分けして増殖中

ロボット型モバイル電話「ロボホン」とコケを一緒に撮影し、スマホの壁紙にして楽しんでいる。お気に入りのぬいぐるみや、キャラクターのアクリルスタンドと並べて撮影することも

1 出かけると下を見て歩きがちで、「とくにマンホールが狙い目」。狭い空間からこんもり盛り上がる苔山を見ると、あまりのかわいさに、とっさにスマホで撮影してしまうと語る　**2** ジャゴケが好きなため、自宅でも栽培中。蓋ありのテラリウムでは、葉の端が細く伸びてタコの足のようになるので、現在は蓋なしのガラスケースで挑戦している

夫婦でコケの奥深さを知り、テラリウムのとりこに！

夫婦そろって植物好きの藤本さん。数年前、苔のイベントで
「道草michikusa」のブースに偶然立ち寄り、「こういう世界もあるのか！」と、
衝撃を受けたと話します。michikusa主催のワークショップにも参加し、
テラリウムの初級から上級テクニックまでを習得。
仕事で多忙を極める藤本さんのコケとの暮らしを聞きました。

幅30cmの背が低い水槽に寄せ植えした、苔景（＝苔の風景）。大好きなコツボゴケが自由に暴れていて、お気に入りとのこと

最初に育て始めたのが、試験管タイプ。いろいろな種類のコケのサンプルにもなるので、お気に入りの楽しみ方のひとつ

1 恐竜の頭蓋骨のオブジェを入手し、白亜紀の光景を自分なりに想像し、はじめて水槽を使って制作した苔景。シダ類はメンテナンスを怠るとすぐに枯れてしまうので、何度か植え直している　2 自宅ではうまく育たなかったジャゴケ。勤務先に避難させたら、意外と環境が合うようで、以来、勤務先で栽培を続けている

場　所を取らないサイズ感と、ものぐさな自分にも育てられる大らかさに惹かれたという藤本さん。まず、試験管タイプから育て始め、今では水槽を使った大型のテラリウムを自作するほど腕を上げています。現在育てているのは水槽7つ、試験管6本、ビーカーが10個。いずれも常に目が届くところに置いておきたいからと、テレビ台の上が指定席です。「テレビを見ながら、茶色になっているとか、水が欲しそうだなと気づけるし、手入れもついでにできるのでいいですよ。それに多少切りすぎても大丈夫だし、手をかければ応えてくれる感じが、自分にはぴったりです」と語ります。

苔テラリウム本との出合いが、
コケのある暮らしの始まりに

もともと神社仏閣の空気や匂いが好きと話す、えのきばんさん。
「コケの匂い＝神社の杜というイメージがあったのかもしれません」。
『部屋で楽しむ　小さな苔の森』（石河英作著、家の光協会刊）を購入したのが
きっかけで、コケを育て始めました。

コケの魅力について伺うと、「まずは匂いでしょう！」と即答する、えのきばんさん。蓋つきの密閉型容器でコケを育てて眺めたり、蓋をパカッと開けて匂いをかいだりして楽しんでいます。「小さな森のような雰囲気もいいですよね」と、言葉を重ねます。蒔きゴケをして一から育つコケを眺めるのも楽しみのひとつ。「じわじわ育つゆっくりさが時間の流れを感じさせてくれるし、同時に手間いらずで勝手に育つ様子にたくましさも感じます」。とくにタマゴケが好きで、「蒔きゴケをして2か月ほど経つと出てくる小さな赤ちゃんゴケを見ると、テンションが妙に上がります」と、うれしそうです。

タマゴケとコツボゴケを
黒土に蒔きゴケ

蒔きゴケ後、約3か月
ちょこちょこ出てくる赤ちゃんゴケが愛らしい

約1年後
ゆっくりと確実に育つ様子を眺めるのも楽しい

1 溶岩石にタマゴケとコツボゴケを蒔きゴケし、半年経過。ときどき、水浴びをさせている　**2** 蓋なしで簡単に育つジャゴケ。ひたひたに浸かるくらいの水を入れて放置しておけば、光を吸収して勝手に育ち、ふえてくれるそう　**3** パソコンの脇に置くインテリア的な苔テラリウムが欲しくなり、購入したMosslight-LED。タマゴケを蒔きゴケした溶岩石を入れている

当初、プリンのガラス容器に蓋なしの開放型で植えたスナゴケは、水加減が難しく、3か月もしないうちに茶色く変色してしまった。今は蓋あり容器での栽培を主流にしている

夜間は、植物育成用のライトを当てている。「枯れることなく、じわじわと育ってくれています」

コケの多様な美しさを ハンドメイドで表現！

吉田有沙さん（あり さ）
（コケ歴約15年）

「2005年ごろ、通勤途中にあるコケを毎日観察している自分に気づいたのが
始まりです」と、吉田さん。自分に合った場所で無理せず育つその姿は、
嫌々勤めていた職場を辞める決断を後押ししてくれました。
コケは人生を救ってくれたヒーローのような存在と語る
吉田さんのコケライフを伺いました。

「コケは色や形、名前、手触り、生え方がかわいいですし、佇まいや生き方にも憧れます。小さいがゆえの地味さ、万人受けしない存在ですが、驚くほどの美しさを秘めています」と愛情たっぷりに話す吉田さん。屋外での観察や栽培を楽しみつつ、そこで得た感動や知識を生かしたコケグッズも制作し、「コケイロ」として発表しています。「コケの神秘的な造形美を身に着けたいというのが、きっかけでした」。試行錯誤の末、コケを使わずに、刺繍やワイヤーなどでパーツを手作りし、リアルに再現する独創的な手法を確立。マニアも驚く緻密さとクオリティーの高さが評判を呼んでいます。

蘚苔類12種類の同定遊びをするための立体図鑑。いずれも刺繍や
ワイヤーなどで作ったハンドメイド

Mosslight-LEDに、流木と溶岩石を置き、ハンドメイドのコケ
を入れたテラリウム。コツボゴケ、コウヤノマンネングサ、オオ
カサゴケなど、9種類以上のコケが入っている

排除の対象になりがち
なゼニゴケやジャゴケ
を楽しむ作品も多数試
作中。写真右の2個の
タッセルは、ゼニゴケで
染めたもの（左）とジャ
ゴケで染めたもの（右）。
ピアスとネックレスは、
その染めガラと仮根を
すき込んだ和紙で作っ
た、ゼニパールとジャゴ
パールを使用。独特の
質感が目を引く

苔ブローチやピアスなど、さまざまなアクセサリーを制作

石倉良信さん（コケ歴約**16**年）

都会の隙間で生きるコケの
たくましさに惚れました

俳優業の傍ら、コケ活動にいそしんでいる石倉さん。
「コケとの出合いは、ホームセンターで偶然見つけたコケのパックでした。
もみじの盆栽のために購入したのですが、1週間でカラカラになってしまい、
なんとかしたいという一心で対策を調べていると、【コケは死なない】という
衝撃的なフレーズと遭遇！　そこに書かれていたとおり、水を与え続けた結果、
コケは見事に復活しました。足元で主役（＝もみじ）を引き立てる地味な存在ながら、
たくましく生き延びる脇役（＝コケ）の姿に、俳優としての自分の立ち位置を
重ね合わせ、励まされたことが、大きなターニングポイントになりました」。
以来、得意なものづくりの才能も発揮しながら、多彩なコケ活動を展開しています。

都会ならではのコケ散歩

俳優という仕事柄、はじめて訪れる場所も多い。「この路地を曲がってみようかな。コケがいそうだな。そう感じて歩き出すことが、僕にとっては冒険なんです。楽しい一期一会ですね」。マンションの片隅や道路の端、マンホールの上など、都会の隙間や、人に踏まれる場所などの、過酷な環境に耐えて育つコケを見つけるたび、「お前、こんなところに住んでいるのか!?　かっこいいな！」と、感動し、励まされると話します。

往来の激しい都会の片隅で、ひっそりと生き続けるコケ。穴のあいた側溝にもその姿が。根がないからこそできることなのか……。そこに生きる力強さを実感する

手作りグッズで
いつもコケのそばに

「コケが好きすぎて、いつも一緒にいたい!」そんな思いから作り始めた「コケと共存するためのグッズ」。ものづくりが得意な石倉さんは、コケが生き続けられるように創意工夫を凝らしながら、リング、携帯ケース、ネックレスなど、オリジナルのグッズを制作しています。コケ仲間はもちろん、見知らぬ人をも振り向かせてしまうほどの高い完成度です。

ワインセラーで育つ、苔テラリウム。棚板も自作。元の棚板はワイン瓶の形状に合わせて波打っていたため、容器を置くには不向きだった。細かな点までカスタマイズしている

リングに刻まれた文字は、「NO MOSS NO LIFE」。電車内で、海外からの旅行者に声をかけられたこともあるとか。携帯ケースに木を貼り、コケを植えつけている(写真左)。携帯電話を変えるたびにケースも新調し、現在のものは3代目

コケのために
ワインセラーまで活用

「築50年以上の木造のわが家の夏は過酷で、コケがぐったりしてしまったんです」。そこで、自作のテラリウムを多数所有する石倉さんが選んだのが、ワインセラーでした。静音設計で、冷えすぎない、そのうえ冷蔵庫より安価というのが決め手だったそう。ただし光量が足りないため、LEDを自作で外づけし、快適な環境に整備しています。

藤井久子さん（コケ歴約17年）

コケトリップや講座で
自分の世界もコケ友の輪も広がっています

フリーランスの編集者・ライターとして活動する藤井さん。
屋久島と八ヶ岳でのコケ体験がきっかけとなり、コケについて調べるうちに、
身近な場所にもさまざまなコケがあることに気づいたと話します。
種類の豊富さ、生態のユニークさなど、その魅力にすっかりはまり、
2011年には『コケはともだち』（リトル・モア刊）を上梓。
入門書に最適と評判を呼び、2017年には
『知りたい会いたい 特徴がよくわかるコケ図鑑』（家の光協会刊）
も刊行。コケ観察に携行したい1冊として人気です。コケ観察会や
講演会、イベントを精力的に行う傍ら、コケをめぐる旅にも出かけ、
独自の視点から情報発信している藤井さんの活動について伺いました。

2013年版から制作を開始し、8年続く。カラフルがテーマの2020年版の1月は、台湾で撮影した冬のミズゴケ。この1枚から1年のテーマがひらめき、12か月分の写真を決めたそう

8年目を迎えるオリジナルの「苔カレンダー」

自分が欲しかったけれど、それまでなかったので、それなら、と作り始めた苔カレンダー。同じように欲しい人がいるかもと仲間に声をかけ、数量限定で販売も始めました。「コケって、その季節にしか見られない姿や色があるんです。だから、撮りためた中から、季節感を大事にして毎年12枚を選んでいます」。5年前からは年ごとにテーマを設定し、写真をセレクト。ちなみに2020年版は、「苔ってカラフル！」がテーマ。毎年2月ごろから、来年はどうしようかと、そわそわしてくると話します。

「MOSS-T PROJECT」(※)を
コケ友と楽しんでいます

約6年前、ものづくりの得意なコケ友と「愛好家が身につけられて、役に立つグッズが作りたい」と考え作ったのが、コケTシャツです。道端にしゃがみ込み、ルーペ片手にコケを観察する姿は、周囲から見ればかなり怪しい存在。そこでTシャツの前面には、コケのイラストと説明を、背中には「Just Looking For the MOSSES!(コケ観察中です!)」の英文をプリントしました。言葉を交わすことなく、背中で状況を語れるのが最大のポイントです。

※藤井久子氏と松本美津氏による、コケ好きのためのグッズ制作プロジェクト

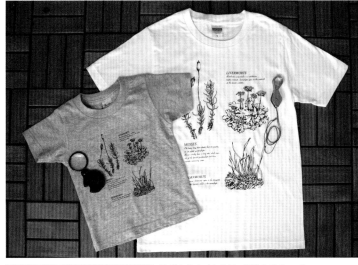

子どもサイズも人気。親子おそろいで観察が楽しめる

藤井さんも愛用のコケTシャツ

台湾人のコケ友に誘われ、台北に近い宜蘭県にある太平山へコケトリップした藤井さん(写真右)。日本統治時代に開発されたトロッコ跡(写真上)はすっかり苔むし、時の流れが感じられる

「コケトリップ」でコケを観察、
講座で話す機会も

もともと旅行好きでしたが、コケの魅力にはまってからは、「あそこのコケが見てみたい」と事前に情報収集し、コケトリップと称して遠征しています。ひと口にコケといっても、日本海側、太平洋側など、気候風土によって見られる種類が違い、その土地ならではのコケを肌で感じられるのが、旅行の醍醐味。好きが高じてできたコケの本をきっかけに講座の依頼も増え、旅先で出合ったコケについて話す機会も多いとか。また、講座で各地に出かけること自体、もはやコケトリップになっていることも。「旅行と講座が、私のコケの世界をどんどん広げてくれています。今、コケへの関心の高まりとともに問題になっているのが、コケの乱獲。今後は、乱獲を防ぎ、保護する活動にも力を注いでいきたいですね」。

着生&テラリウムに向くコケ一覧

コケとひとくくりに呼んでも、生えている場所や好む環境はさまざま。コケの種類によって石などに着生しやすいもの・着生しにくいもの、テラリウムで育てやすいもの・育てにくいものがあります。着生のしやすさ、テラリウムでの育てやすさ、入手のしやすさなど、コケごとの特徴を紹介します。

記号の意味

着…テラリウムでの着生のしやすさ（★が多いほど着生しやすい）

育…テラリウムでの育てやすさ（★が多いほど育てやすい）

入…販売店などでの入手のしやすさ

★★★★★ ホームセンター・園芸店・アクアリウム店・コケ専門店・ネットショップなど
★★★★ 大型園芸店・アクアリウム店・コケ専門店・ネットショップなど
★★★ アクアリウム店・コケ専門店・ネットショップなど
★★ コケ専門店・ネットショップなど

p.16

タマゴケ

着 ★★★★★
育 ★★★★
入 ★★★★

特徴 柔らかな手触りと、優しい緑色が人気の種類。晩秋から春にかけての寒い時期に生長する。

p.19

ヒノキゴケ

着 ★★★★★
育 ★★★★★
入 ★★★★

特徴 コケの中では大型の種類。湿潤な環境を好むためテラリウムで育てやすく、初心者にもおすすめ。

p.22

ホソバオキナゴケ

着 ★★★★
育 ★★★★★
入 ★★★★★

特徴 低い背丈でこんもりと生長し、丈夫で育てやすい。葉がやや白っぽく見えるのも特徴。

p.24

コツボゴケ

着 ★★★★★
育 ★★★★★
入 ★★★★

特徴 這うように生長する。葉が透き通っているため、水滴がつくとキラキラと美しく輝く。

p.26

ホウオウゴケ

着 ★★★★★
育 ★★★★★
入 ★★★★

特徴 鳳凰の羽を思わせる特異な形状。湿潤な環境を好み、テラリウム向きで、初心者にもおすすめ。

p.26

クジャクゴケ

着 ★★★★
育 ★★★
入 ★★

特徴 クジャクが扇状に羽を広げたような姿。岩などに着生して生えていることが多い。

p.27

カサゴケ

着 ★★★
育 ★★
入 ★★

特徴 傘を広げたような形で、上から見ると緑の花が咲いているようにも見える。

p.27

コウヤノマンネングサ

着 ★★★
育 ★★
入 ★★★

特徴 日本に自生するコケの中でもっとも大型。地下茎から新芽を出し、生息範囲を広げていく。

コスギゴケ

p.28

着	★★★
育	★★★
入	★★★

(特徴) 公園や寺社などの土壌によく生える、スギゴケの仲間。小型で密集して生える。

オオシラガゴケ

p.28

着	★★★★
育	★★★★
入	★★★

(特徴) 新芽が白っぽいのが特徴。塊を作らず、1本1本独立して生えていることが多い。

フデゴケ

p.28

着	★★★★★
育	★★★★
入	★★★

(特徴) 柔らかな手触りが筆の毛先のよう。生長は遅く、あまり大きくならない。

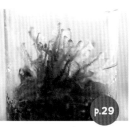

ムチゴケ

p.29

着	★★
育	★★★★
入	★★★

(特徴) 茎の裏側に鞭状の枝を伸ばすのが特徴。形がユニークで、テラリウムで育てやすい。

ゼニゴケ

p.29

着	★★★
育	★★★
入	★★

(特徴) 生長が早く、庭の雑草として扱われることも。生殖器が出る時期にとても愛らしい姿を見せる。

ジャゴケ

p.29

着	★★★
育	★★★
入	★★

(特徴) 葉の表面にヘビの鱗のような模様がある。指でこするとマツタケのようなよい香りがする。

ウマスギゴケ

着	★
育	★★
入	★★★★

(特徴) 日本庭園などで使われることが多い、スギゴケの仲間。日当たりのよい場所を好む。

オオバチョウチンゴケ

着	★★★★★
育	★★★★
入	★★

(特徴) コツボゴケより二回り程度大きく、這うように広がる。水気の多い岩や倒木の上に自生する。

シッポゴケ

着	★★
育	★★★★
入	★★★★

(特徴) 森林に生息し、フサフサと伸びやかに生長する。動物の尻尾に見立てたのが名前の由来。

シノブゴケ

着	★★★
育	★★★
入	★★★★

(特徴) マット状に広がるように自生する。葉が繊細に枝分かれしており、美しい。

ツヤゴケ

着	★★★
育	★★★
入	★★★

(特徴) 這うように生長し、岩や倒木の上に覆うように生える。乾燥すると光沢を帯びる。

ミズゴケ

着	★
育	★★★
入	★★★

(特徴) 主に湿地に生え、湿潤な環境を好む。仮根が発生しにくいため、着生させるのは難しい。

ショップリスト

❶住所　❷電話番号　❸営業時間　❹定休日　❺URL

プロトリーフ　ガーデンアイランド玉川店

❶〒158-0095　東京都世田谷区瀬田2-32-14
　玉川髙島屋S・C　ガーデンアイランド内2F
❷03-5716-8787
❸10:00〜20:00
❹年中無休（元日を除く）
❺http://www.protoleaf.com/

オザキフラワーパーク

❶〒177-0045　東京都練馬区石神井台4丁目6-32
❷03-3929-0544
❸9:00〜20:00（冬季は〜19:00）
❹年中無休（1／1・2日、2月第1火曜を除く）
❺https://ozaki-flowerpark.co.jp/

サカタのタネ　ガーデンセンター横浜

❶〒221-0832　神奈川県横浜市神奈川区桐畑2
❷045-321-3744
❸10:00〜18:00
❹水曜（祝日を除く。3・4・5月は無休）
❺https://www.sakataseed.co.jp/gardencenter/

ボタニカルラウンジ　西武池袋本店

❶〒171-8569　東京都豊島区南池袋1-28-1
　西武池袋本店7F
❷03-5949-2566
❸10:00〜21:00（日・祝日は〜20:00）
❹年中無休

ボタニカルラウンジ　そごう横浜店

❶〒220-0011　神奈川県横浜市西区高島2-18-1
　そごう横浜店6F
❷045-465-2111（内線：3813）
❸10:00〜20:00
❹年中無休

マルベリーガーデン

❶ 〒330-9559　埼玉県さいたま市大宮区吉敷町4-263-6
コクーンシティコクーン3、1F
❷ 048-778-8734
❸ 10:00 ～ 21:00
❹ 年中無休
❺ https://mulberry-garden.jp/

グリーンギャラリーガーデンズ

❶ 〒192-0362　東京都八王子市松木15-3
❷ 042-676-7115
❸ 10:00 ～ 20:00（火曜は10:00 ～ 17:00）
❹ 年中無休（元旦と決算日を除く）
❺ http://www.gg-gardens.com/

GREEN JAM

❶ 〒343-0015　埼玉県越谷市花田4-9-18
❷ 048-971-8767
❸ 10:00 ～ 18:00
❹ 水曜および、毎月第2・第4木曜
❺ https://www.greenjam.jp/

名古屋園芸

❶ 〒460-0005　愛知県名古屋市中区東桜2-18-13
❷ 052-931-8701
❸ 9:00 ～ 19:00
❹ 年中無休
❺ http://nagoyaengei.co.jp/

Reconnel 新宿ミロード店

❶ 〒160-0023　東京都新宿区西新宿1丁目1-3
新宿ミロード　モザイク通り
❷ 03-3349-5627
❸ 10:00 ～ 21:00
❹ 不定休（新宿ミロード休館日）
❺ http://www.landflora.co.jp/shop/r_mylord.html

苔テラリウム専門ショップ道草 michikusa

❶ （実店舗なし。オンライン販売のみ）
❺ https://www.kokenomori.com/

石河 英作 (いしこ・ひでさく)

1977年東京都生まれ。蘭種苗会社で育種・企画営業などに従事し、新商品のプロモーションなどを担当。2013年、当時は園芸の脇役だったコケを主役にすることを夢見て苔テラリウムの専門ブランド「道草michikusa」を立ち上げる。「植物を楽しく育てるきっかけ作り」をコンセプトに、苔テラリウムの企画販売やワークショップ、観察会などで、コケの幅広い魅力を発信。育てる楽しさ・見る楽しさ・知る楽しさ・作る楽しさを提案している。「コケを食べる会」を立ち上げ、おいしくコケを食べることを目指し、日々研究中。
https://www.y-michikusa.com/

参考文献

『知りたい会いたい 特徴がよくわかるコケ図鑑』
(藤井久子著、秋山弘之監修／家の光協会)
『ダンゴムシの本　まるまる一冊だんごむしガイド〜探し方、飼い方、生態まで』
(奥山風太郎、みのじ共著／DU BOOKS)
『カタツムリハンドブック』(武田晋一写真、西浩孝解説／文一総合出版)

デザイン	ohmae-d
撮影	鈴木正美
撮影アシスタント	重枝龍明
取材	山本裕美
写真協力	石河英作
取材協力	北條雅教
撮影協力	高畠美月／田島奈津子／沖 三奈絵
イラスト	イザワイツハ
校正	ケイズオフィス
ＤＴＰ制作	天龍社

魅せる苔テラリウムの作り方

2020年 5 月20日　第 1 刷発行
2023年 5 月20日　第 3 刷発行

著　者　　石河英作
発行者　　河地尚之
発行所　　一般社団法人 家の光協会
　　　　　〒162-8448　東京都新宿区市谷船河原町11
　　　　　電話 03-3266-9029（販売）
　　　　　　　 03-3266-9028（編集）
　　　　　振替 00150-1-4724
印刷・製本　図書印刷株式会社